中等职业教育公共基础课教学改革成果教材

中职生就业指导

第 2 版

主　编　陈桂芳　常小芳

参　编　张凤歧　元钟淑　陈晓宇

　　　　王洪丽　周延丹

主　审　黄　波

机 械 工 业 出 版 社

本书是在第1版的基础上修订而成的。本书针对目前中等职业学校毕业生在求职、就业过程中，社会背景、文化背景、学历、知识、技能、心理等的客观实际，选取典型案例，精心编排为操作性极强的项目，采用任务驱动模式，从案例入手，以互动为原则，目的在于帮助中职毕业生顺利就业并融入社会。本书设置有：项目引言、项目目标、任务目标、案例导入、想一想、知识链接、任务实施、职业生活小贴士等栏目，每个项目后还附有思考与练习，力求实现学以致用，形成能力迁移。

本书主要内容包括讲究礼仪、安全教育、企业岗位认知、设计职业生涯、择业与求职准备、认识并融入企业文化、职场心理调适、运用法律武器维护自身权益八个项目。

本书可作为中等职业学校就业指导课程的教材，也可作为其他职业院校、技工类学校相关课程的教材。

图书在版编目（CIP）数据

中职生就业指导/陈桂芳，常小芳主编．—2版．—北京：机械工业出版社，2016.9（2023.2重印）

中等职业教育公共基础课教学改革成果教材

ISBN 978-7-111-54430-2

Ⅰ．①中… Ⅱ．①陈… ②常… Ⅲ．①就业—中等专业学校—教材

Ⅳ．①G717.38

中国版本图书馆CIP数据核字（2016）第174595号

机械工业出版社（北京市百万庄大街22号 邮政编码100037）

策划编辑：王佳玮 责任编辑：黎 艳

责任校对：王 欣 肖 琳 封面设计：陈 沛

责任印制：常天培

固安县铭成印刷有限公司印刷

2023年2月第2版第13次印刷

184mm×260mm・10.25印张・233千字

标准书号：ISBN 978-7-111-54430-2

定价：35.00元

电话服务 网络服务

客服电话：010-88361066 机 工 官 网：www.cmpbook.com

010-88379833 机 工 官 博：weibo.com/cmp1952

010-68326294 金 书 网：www.golden-book.com

封底无防伪标均为盗版 机工教育服务网：www.cmpedu.com

第2版前言

本书是在2010年出版的中等职业教育公共基础课教学改革成果教材《中职生就业指导》的基础上，分析社会现状，顺应国家"互联网+教育"的发展趋势，依据当前就业形势的特点以及职业学校的教学需求，进行修订的。

《中职生就业指导》第2版贯彻《国务院关于大力发展职业教育的决定》精神，落实"决定"中提出的中等职业学校实行"工学结合、校企合作"的新教学模式，满足中等职业学校技能型人才培养的要求，更好地适应企业的需要，遵循"以学生为根本，以就业为导向"的理念及"实用、够用、好用"的原则，在第1版的基础上删繁就简，同时增加了与各项目相关的互联网知识与技能，主要特色如下：

1. 科学性。本书采用任务驱动模式，打破了以往章节编排的模式，选取典型案例，通过项目、任务进行就业知识与技能的培养。

2. 实用性。本书体现了以就业为导向、以素质为本位的职业教育特点，贴近学生、贴近职业、贴近生活，能结合用人单位对人力资源的需求情况来安排学习内容，具有很强的实用性和可操作性。

3. 实践性。本书内容遵循理论联系实际的原则，选取大量案例，使教学内容通俗易懂，并使学生有身临其境之感，体会获取知识的乐趣，激发学生学习的内驱力，从而更好地指导实践。

4. 创新性。本书加入了应用互联网就业及工作的内容。另外，体例新颖，每一项目都包括项目引言、项目目标、任务目标、案例导入、想一想、知识链接、任务实施、职业生活小贴士、思考与练习等栏目，结构合理，语言简练，亲和力强。

本书由沈阳市装备制造工程学校陈桂芳、常小芳任主编，黄波任主审。参与编写人员及分工如下：陈桂芳编写项目一、二、三，常小芳编写项目四、五，张凤歧、元钟淑编写项目六，陈晓宇、王洪丽编写项目七，周延丹编写项目八。

在本书编写过程中参考了许多相关教材和专著，借鉴了一些专家、学者的观点和资料。在此，谨向各位专家、学者表示衷心的谢意。

本书的编写还得到了沈阳市劳动局职业技能鉴定指导中心原处长孟庆贺、沈阳工业大学法学教授李秋月的指导与帮助，在此对各位表示由衷的感谢。

由于编者水平有限，本书难免存在不足之处，恳请广大读者批评指正。

编　者

第1版前言

为贯彻《国务院关于大力发展职业教育的决定》精神，落实"决定"中提出的中等职业学校实行"工学结合、校企合作"的新教学模式，满足中等职业学校、技工学校和职业高中技能型人才培养的要求，更好地适应企业的需要，本书在"以学生为根本，以就业为导向"的理念及"实用、够用、好用"的原则指导下编写而成，主要特色如下：

1. 科学性。本书采用任务驱动模式，打破了以往章节编排的模式，选取典型案例，通过项目、任务进行就业知识与技能的培养。

2. 实用性。本书体现了以就业为导向、以素质为本位的职业教育特点，贴近学生、贴近职业、贴近生活，能结合用人单位对人力资源的需求情况来安排学习内容，具有很强的实用性和可操作性。

3. 实践性。本书内容遵循理论联系实际的原则，选取大量案例，使教学内容通俗易懂，并使学生有身临其境之感，体会获取经验的乐趣，激发学生学习的内驱力，从而更好地指导实践。

4. 创新性。本书体例新颖，每一部分都由项目目标、任务目标、案例导入、知识链接、任务实施、职业生活小贴士、思考与练习等组成，结构合理，语言简练，亲和力强。

本书由陈桂芳主编，崔国利主审。参加本书编写的人员有：陈桂芳（项目三、五、六）、张凤歧（项目四、八）、元钟淑（项目一、二）和陈晓宇（项目七）。

在本书编写过程中参考了许多相关教材和专著，借鉴了一些专家、学者的观点和资料，引用了大量案例。在此，谨向各位专家、学者、作者表示衷心的谢意。本书的编写还得到了沈阳市劳动局职业技能鉴定指导中心处长孟庆贺、沈阳工业大学法学教授李秋月的指导与帮助，在此一并表示由衷的感谢。

由于编者水平有限，本书难免存在不足之处，恳请广大读者批评指正。

编　者

目　　录

项目一 讲究礼仪

✳ 项目引言

有"礼"走遍天下，无"礼"寸步难行。

孔子说："不学礼，无以立。"

荀子言："人无礼则不生，事无礼则不成，国无礼则不宁。"

在多元化背景下，在经济快速发展的社会中，作为一名学生，不知礼则必失礼，不守礼则必被视为无礼。

对即将步入社会的学生而言，缺少相关礼仪知识与能力必定会经常感到尴尬、困惑、难堪与失落，进而会无缘成功。

✳ 项目目标

1. 掌握社交礼仪的内容、意义，并学会运用社交礼仪。
2. 掌握职业礼仪的内容、意义，以及培养职业礼仪的途径，有意识地培养职业礼仪。

任务一 学礼仪，找差距

掌握社交礼仪的内容、意义并学会运用。通过学习，自主完成"任务实施"中角色扮演的内容，寻找差距，完善自己。

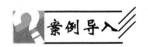

小节是极好的介绍信

一位先生要雇一个没带介绍信的小伙子到他的办公室做事，先生的朋友很奇怪。先生说："其实，他带来了不止一封介绍信。你看，他在进门前先蹭掉脚上的泥土，进门后又先脱帽，随手关上了门，这说明他很懂礼貌，做事很仔细；当看到那位残疾老人时，他立即起身让座，这表明他心地善良，知道体贴别人；那本书是我故意放在地上的，所有的应试者都不屑一顾，只有他俯身捡起，放在了桌上；当我和他交谈时，我发现他衣着整洁，头发梳得整整齐齐，指甲修得干干净净，谈吐温文尔雅，思维十分敏捷。怎么，难道你不认为这些小节是极好的介绍信吗？"

↘ **想一想**

没带任何介绍信的小伙子是靠什么应聘成功的？你已经拥有哪些"介绍信"了？反省自身一天的言谈举止，看看有哪些忽略的细节，并请注意及时改正。

一、社交礼仪教育对学生的重要性

知书达礼，待人以礼，是当代学生的一个基本素养。然而，在校园中仍有许多不知礼、不守礼、不文明的行为，还有许多与学生的礼仪修养、与精神文明建设极不和谐的现象。因此，社交礼仪教育具有特殊意义。

1）社交礼仪教育有利于学生与他人建立良好的人际关系，促进心理健康发展。

任何社会的交际活动都离不开礼仪。人类越进步，生活越社会化，人们也就越需要礼仪来调节社会生活。礼仪是人际交往的前提条件，是交际生活的钥匙。

同时，社交礼仪本身就是一种特殊的语言，学习和掌握社交礼仪的基本知识和规范，能够开启各种交际活动的大门和建立和谐融洽的人际关系。这不仅是形成良好的社会心理氛围的主要途径，而且对于个体来说，也具有极其重要的心理保健功能。

2）社交礼仪教育有利于促进学生的社会化，提高社会心理承受能力。

中职生有一种强烈地走向社会的需要，同时又普遍存在一些心理困惑，比如，走上工作岗位后如何建立良好的人际关系，如何进行自我形象设计，如何尽快地适应社会生活等社会交往问题。中职学生接受社交礼仪教育，掌握符合社会要求的各种行为规范，不仅满足了走向社会的心理需要，还可以培养学生适应社会生活的能力，提高学生的社会心理承受力，促进其社会化。

3）社交礼仪教育有利于对学生进行思想道德教育，提高道德素质。

礼仪是一种非法律规范，它主要包括道德规范、宗教规范、习俗、共同生活准则等。社交礼仪可以丰富学生的礼仪知识，让学生明确地掌握符合社会主义道德要求的礼仪规范，并指导学生在实际生活中如何按照社交礼仪规范来约束自己的行为，真正做到"诚于中而行于外，慧于心而秀于言"，把内在的道德品质和外在的礼仪形式有机地统一起来，成为名副其实的有较高道德素质的现代文明人。

4）社交礼仪有利于强化学生文明行为，提高文明素质，促进社会主义精神文明建设。

讲文明、有礼貌是社会精神文明发展程度的实际体现。通过社交礼仪教育，应明确言谈、举止、仪表和服饰能折射出一个人的思想修养、文明程度和精神面貌，培养应对酬答的实际能力，养成良好的礼仪习惯。

二、社交礼仪的具体内容

1. 着装礼仪

在人际交往中，人们的着装在一定程度上反映着一个人的个性、爱好、职业、文化素养和审美品位，同时还体现着其所在民族的习俗和社会风尚。因此，要学习、掌握着装礼仪，应遵循以下"三应原则"：

1）应时：着装要与穿着的具体时间相吻合，与时代变化同步，切不可因循守旧；与四季变化同步，尽量避免穿着与季节格格不入的服装。

2）应己：根据自己的工作性质来选择服装，同时应注意性别、年龄、肤色、形体四大问题。

3）应地：

第一，普通场合：如在办公室里坐班，外出处理一般类型的公务，在生产车间生产等，着装应做到正规、整洁、文明。

第二，庄重场合：如参加会议、庆典、仪式、盛宴、谈判、外事等庄严、隆重的活动，一般习惯于以深色中山装套装、西服套装、连衣裙或西服套裙等充当礼服之用。

小黄的最后面试失败了

小黄去一家外企进行最后一轮总经理助理的面试。为确保万无一失，这次她做了精心的打扮。一身前卫的衣服、时尚的手环、造型独特的戒指、亮闪闪的项链、新潮的耳坠，身上每一处都是焦点。况且她的对手只是一个相貌平平的女孩，学历也并不比她高，所以小黄觉得胜券在握。但结果却出乎意料，她并没有被这家外企所认可。主考官抱歉地说："你确实很漂亮，你的服装及配饰无不令我赏心悦目，可我觉得你并不适合从事助理这份工作。实在很抱歉。"

第三，喜庆场合：如欢度节日或纪念日，亲友欢聚，举办联欢会、舞会或游园会，参加婚礼、生日庆祝活动等，着装应当时尚、潇洒、鲜艳、明快一些，另外还必须自然。

第四，悲伤场合：如向遗体告别、出席葬礼、祭扫陵墓，以及慰问逝者家属一类的活动，着装必须素雅、简洁、肃穆。

作为还未毕业的中职生，凡参加升旗仪式（图 1-1）、重要会议，以及外出活动时要求穿校服；公共场所女生不穿"瘦""透""露"型的衣服，男生不穿无袖背心和运动短裤；衣服的衣领和袖口要干净，衣服的扣子要扣好；不穿拖鞋、露膝短裙、露脐短衫、低腰裤进入校园。

图 1-1 升旗仪式

2. 交谈礼仪

语言是人的文化修养、道德情操的一面镜子。掌握一定的语言艺术，对于一个人展现内在修养、提升外在形象、建立良好的人际关系，有着非常重要的作用。

（1）良好的语言沟通应具备的条件

1）语言准确，合乎规范。

2）知识丰富，话题广泛。

3）审时度势，投其所好。

4）态度诚恳，善于聆听。

"愚者善说，智者善听"，每一个主动谈起话题的人同时也应该是对方的聆听者，而且聆听技巧很重要。

聚 精 会 神

在应聘面试时，做一个合格的听众至关重要。赵娜是个比较内向的女孩，平日为人处世比较得体，也知道倾听的重要性，但在面试中还是出了一个小小的差错。一次，赵娜在一家公司接受面试，临近尾声时，考官对赵娜的表现给予了正面评价，言语之中颇有欣赏之意。也许是考官今天的心情特别好的缘故，竟开始介绍起公司的基本情况与发展前景来。赵娜一高兴便分了神，也开始憧憬美好未来。看到她分神的样子，考官很不舒服，就又多问了几个问题，最后，考官说了句"很遗憾……"

提示：面试时，应聘者的目光应正视对方，在考官讲话的过程中适时点头示意。因为这既是对对方的尊重，也可让对方感到你很有风度、诚恳、大气、不怯场。当面试官介绍公司和职位情况时，更要适时给予反馈，表明你很重视他所说的内容，并且记在心里了。

（2）交谈内容的选择

1）共同关注的话题。

2）高雅的话题。

3）对方感兴趣的话题。

（3）交谈的技巧

1）学会运用机智、幽默的语言。恩格斯认为幽默是"具有智慧、教养和道德上的优越感的表现"。幽默使批评变得委婉而有效。幽默也往往是紧张气氛的缓冲剂，既能使对方摆脱窘境，又能自我解嘲。

幽默的艺术

在公共汽车上，一位姑娘不小心踩了小伙子一脚，姑娘慌忙道歉："对不起，我踩了你！"，那小伙子风趣地回答："不，是我的脚放错了地方。"这时，姑娘如释重负地笑了。具有幽默感的人，有一种宽容、豁达的风度。

一天，大文豪歌德在公园散步，碰到了一位曾经恶意攻击过他的批评家。那位批评家傲慢地说："我是从来不给傻瓜让路的。"歌德立即回答："而我却完全相反。"说完就转到一边去了。这幽默的回答充分显示了歌德机智敏捷的风度。语言的幽默和机智绝不单单是言谈技巧的问题，它是一个人智慧、胸怀、性格诸因素的综合体现。因此，要做到语言的幽默机智，关键在于丰富、充实、完善自己。

2）学会由衷地赞美对方。渴望被赞美是每个人最基本的心理需要。一份民意测验结果表明：98%的人希望他人给自己以好的评价，只有2%的人认为他人的赞美无所谓。可见，他人的赞美是人们最需要的奖赏，它可以使人们认识到自身的价值和工作的意义，获得愉悦感、荣誉感和成就感，进而激发生活和工作热情，提高生活质量和工作效率。

推销的一种策略——赞美

一位推销员走进一家银行的经理办公室推销伪钞识别器。女经理正在埋头写一份东西，从其表情可以看出女经理情绪很糟，从烟灰缸中满满的烟头和桌上的混乱程度，可以判断女经理一定忙了很久。推销员想：怎样才能使女经理放下手中的活计，高兴地接受我的推销呢？经过观察，推销员发现女经理有一头乌黑发亮的长发。于是，推销员赞美到："好漂亮的长发，我做梦都想有一头这样的长发，可惜我的头发又黄又少。"只见女经理疲惫的眼睛一亮，回答说："没有以前好看了。太忙，瞧，乱糟糟的。"推销员马上递过一把梳子，说："我刚洗过的，梳一下头发更漂亮。您太累了，应当休息一下。"这时女经理才回过神来，问道："你是……"推销员马上说明来意，女经理很有兴趣地听完介绍，很快便决定买几台。

3）记住别人的名字。名字是一个人最熟悉、最重要的字音，是个人最珍视的"私有财产"。每一个人都希望自己在社会交往的活动中成为被别人注意的对象，当一个人的名字在与他人第二次见面的时候就能被准确地说出来，这无疑是最令人愉快和兴奋的事。

4）学会礼貌地拒绝对方。在交往中，有时会碰到一些比较复杂的情况，想拒绝对方，又不想伤害他人的自尊心；想吐露内心的真情，又不好意思表达得太直接；既不想说违心之言，又不想直接顶撞对方。要适应不同的情况，就要重视培养自己在语言表达上机智应变的能力。同时，还要巧妙地掌握拒绝语言，学会说"不"。

（4）交谈的禁忌　交谈中禁忌的话题主要有：个人隐私的话题、令人不快的话题、品评他人的话题、失敬于人的话题、自我吹嘘的话题。

3. 行路礼仪

走路须自尊自爱，以礼待人。走路不仅要遵守交通规则和普遍通行的礼仪守则，而且在不同的走路条件下还要遵循各自不同的具体要求。这方面的基本要求有：

（1）严于自律　走路，多数情况下是没有熟人在场的个人户外活动。在这种一人独处的情况下要做好以下几点：

1）不违反交通规则。走路时要遵守交通规则，过马路要走人行道、天桥或地下通道，要看红绿灯或听从交警指挥。不要乱闯红灯、翻越隔离栏或在马路上随意穿行。

2）不乱扔废物。走路时，应将废弃物品投入专用的垃圾箱，不要随手乱丢，如图1-2所示。

3）不吃零食。走路时不要吃零食，这样不仅吃相不雅，也不卫生，并且可能给其他行人造成不便，妨碍他人。

图1-2　不乱扔废物

4）不吸烟，不随地吐痰。走路时不要吸烟，需要清嗓子、吐痰，应在旁边无人时，将痰吐在纸巾里包好，然后投入垃圾箱。

5）不毁坏公物。对公共场所的各种设施、物品，要自觉爱护。不要攀折树木、采折花卉，践踏绿地、草坪或在墙壁上信手涂鸦、划痕。

6）不过分亲密。两人或多人一齐走路时，不应有勾肩搭背、搂搂抱抱等不雅举止，不能表现得过分亲密。

（2）乐于助人　行路时要乐于助人。对他人要体谅并友好相待，这主要表现在下列几个方面：

1）热情问候。熟人相遇，要问候，要用适当的方式与对方打招呼。

2）答复问路。有人问路时，应真诚相助，不要不理睬。向他人问路，事先要用尊称，事后要微笑致谢。

3）帮助老幼。遇到老弱病残者或盲人、孕妇、孩子有困难时，应主动上前帮助，不要歧视，更不要讥讽。

4）礼貌谦让。通过狭窄的路段时，应请他人先行。在拥挤处不小心碰到别人，要立刻说"对不起"，对方可答以"没关系"。

（3）保持距离　走路多在公共场合进行，应注意与其他人保持适当的距离。人与人之间的距离一般分为四种类型，走路时应正确运用：

1）私人距离。两人相距在 0.5m 之内为私人距离，又称为亲密距离，仅适用于家人、朋友之间，与一般人尤其是陌生人或异性相处时不能采用。

2）社交距离。两人相距在 0.5～1.5m 之间为社交距离，又称为常规距离，适用于交际应酬，是人们采用最多的人际距离。

3）礼仪距离。两人相距在 1.5～3m 之间为礼仪距离，又称为敬人距离，适用于向交往对象表示很敬重，或用在会议、庆典、仪式中。

4）公众距离。两人相距在 3m 以外为公众距离，又称为大众距离，适用于与陌生人共处。

4. 乘车礼仪

（1）上下车礼仪　上车时要自觉地以先来后到为顺序，排队候车。汽车进站停稳后，要按照排队的顺序依次上车。不要蜂拥而上，挤作一团，也不要插队。下车时要提前准备。在下车的前一站，要向车门靠近，如需他人让路，应有礼貌地先打一声招呼，或说"借光""劳驾"，不要默不作声地猛挤猛冲，更不要发脾气或出言不逊。

（2）座位选择　做到对号入座，并留出特殊座位。不少公共汽车的前门附近，或中门附近，都有老、弱、病、残、孕专座。这些座位即使空着，也不应坐。遇上老人、病人、残疾人、孕妇、抱孩子的人，应主动让出自己的座位。当他人为自己让座时，应立即道谢。做到不随处乱坐，公共汽车上除座位外，如窗沿、地板、扶手、发动机盖等处，均不能就座。挤坐他人座位，也是不雅之举。

（3）乘车禁忌　乘坐公共汽车时，个人的表现不要肆意放纵，做到与其他人的身体保持一段距离。若因车辆摇晃或自己不小心碰撞、踩踏了别人，应立即道歉。有人从身前通过时，要主动相让。公共场所要保持个人形象，勾肩搭背让人看着很是不雅，要体现自我的良好素质。

5. 观看礼仪

（1）参观游览中的礼仪 外出参观游览，首先必须注意爱护公物，保护环境。不能乱刻乱画、大声喧哗、嬉笑打闹、乱扔乱吐。游览时要注意礼让，不能争路先行或争抢拍照景点，不要进入草地或花丛中拍照。

（2）观看影剧的礼仪 应提前几分钟入场，入座以后应脱帽，不要左右晃动。万一迟到，应站在后边观看，等一个节目或一局结束后再进入座位。演出中要保持安静，不要吃带壳、带核的零食，不要随地吐痰，不乱扔果皮杂物。中途离座，走路要轻，并尽可能利用幕间退出。要热情而又文明地鼓掌，为演员喝彩，向演员表示谢意，尊重演员的劳动，不得起哄闹事，忌吹口哨、怪叫、跺脚、喝倒彩等。

（3）观看展览的礼仪 要按展览内容的先后顺序随讲解员走，安静地观看展览，倾听讲解员的介绍。不要逆行乱穿，不能大声谈笑或追逐打闹。不得随意触摸展品，注意保持环境卫生。

（4）观看体育比赛的礼仪 观看体育比赛时，为运动员加油助威的标语口号内容要健康文明，不能使用不文明的手势，向运动员投掷物品或呼喊起哄。

为客队的精彩表现鼓掌

据报道，在某次世乒赛赛场，丹麦新秀梅兹在大比分0:3落后、第四局又战至7:10即将被淘汰时，顽强地追回比分，战胜了中国小将郝帅，成为打入男子单打四强的唯一一位欧洲选手。这场比赛结束之际，上海体育馆内寥寥无几的欧洲观众均起立欢呼，为梅兹实现大逆转叫好。此时现场也有近一半中国观众热烈鼓掌，感谢两位运动员为大家奉献了一场扣人心弦的精彩较量。

为客队球员的精彩表现鼓掌并不表明看球时不偏不倚，不带倾向性，也不是不支持自己喜爱的球队、运动员。体育竞赛是公平、友好的竞争，观看体育比赛既要懂得欣赏竞技之美，也要学会赞叹体育精神的感染力量。上海观众表现出的风度和素养值得称道，也值得我们学习。

---

6. 互联网基本礼仪

（1）记住别人的存在 互联网给予来自五湖四海的人们一个共同的地方聚集，这是高科技的优点，但往往也使得我们面对着计算机屏幕忘记了我们是在跟其他人打交道，我们的行为也容易变得粗劣和无礼。因此，网络礼仪第一条就是"记住别人的存在"。如果你当着面不会说的话在网上也不要说。

（2）网上网下行为一致 网上的道德和法律与现实生活是相同的，不要以为在网上与计算机交易就可以降低道德标准。

（3）入乡随俗 同样是网站，不同的论坛有不同的规则。在一个论坛可以做的事情在另一个论坛可能不宜做。最好的建议：先趴一会儿"墙头"再发言，这样你可以知道论坛的气氛和可以接受的行为。

（4）尊重别人的时间和资源 在提问题以前，先自己花些时间去搜索和研究。很有可能同样问题以前已经问过多次，现成的答案随手可及。不要以自我为中心，别人为你寻找答案需要消耗时间和资源。

（5）给别人留个好印象　因为网络的匿名性质，别人无法从你的外观来判断，因此你的一言一语成为别人对你印象的唯一来源。如果你对各方面不是很熟悉，找几本书看看再开口，不要无的放矢。同样地，发言以前仔细检查语法和用词，不要故意挑衅和使用脏话。

（6）分享你的知识　要积极回答问题，并将自己的心得体会分享给大家。

（7）平心静气地争论　争论是正常现象，要以理服人，不要人身攻击。

（8）尊重别人的隐私　别人与你用电子邮件或私聊的记录应该是隐私的一部分。如果你认识的某个人用笔名上网，未经其同意你却将他的真名公开也不是一个好的行为。如果不小心看到别人计算机上的电子邮件或其他内容，你不应该到处传播。

（9）不要滥用权利　群主、管理员比其他用户有更多的权利，应该珍惜使用这些权利。

（10）宽容　我们曾经是新手，都会有犯错误的时候。当看到别人写错字、用错词、问一个低级问题或者写篇没必要的长篇大论时，你不要在意。如果你真的想给他建议，最好用电子邮件的方式私下建议。

7. 收发电子邮件（E-mail）礼仪

1）正确书写地址。保证你的信件不要弄错地址，私人信件更应如此。

2）格式正确，写清楚信件的主题或标题。在电子邮件的"主题"或"标题"一栏，一定要写清楚信件的主题或标题，多几个字没关系，以免什么都没写，对方会认为是恶意邮件在没打开之前就删除了。

3）信件的内容要尽可能简短明了。在撰写内容时，应遵照普通信件或公文所用的格式和规则。邮件正文要简洁，不可长篇大论，以便收件人阅读。

4）用语要礼貌，以表示对收件人的尊重。

5）尽可能回信。应当定期打开收件箱查看邮件，以免遗漏或耽误重要邮件的阅读和回复。一般应在收到邮件后的当天予以回复。如果涉及较难处理的问题，要先告诉对方你已收到邮件，处理后会及时给以正式回复。

6）不要随意到处给别人发信息。利用电子邮件能做的最令人憎恶的事就是四处传递连锁信寄给他人。这样做一方面是在浪费资源，另一方面也不合法。

7）注意保存和删除电子邮件时，不要在无意间泄露了机密。对于有价值的邮件必须保存，或者在复制后进行专门保留。对于和公务无关的垃圾邮件，或者已无实际价值的公务邮件，要及时删除。

任务实施

角色扮演，寻找差距：分组表演以下五个场景，回答问题，并思考自己在生活中有没有类似的行为。

⭐ **场景一**

一男士穿着一套满是油污的工作服，匆匆赶到朋友婚礼的现场，参加婚礼。

⭐ **场景二**

甲、乙二人路上偶遇，乙刚出院不久，甲关切地询问乙的身体恢复情况，而乙却时而看手表，时而东张西望。

⭐ **场景三**

一位路人在人行路上边走边嗑着瓜子，并随手将瓜子皮弃于地上。走着走着，遇一多年未见的老同学，不禁上前热情拥抱，站在人行路中间大声寒暄。

⭐ **场景四**

面试那天，李某进行了精心的准备，配上得体的服装上路了。可一大早，公交站台上就排满了人。当公交车还没停稳，他就一个箭步冲向车门，拼命挤上了车……

车在行驶过程中，突然一个急刹车，他"哎呀"一声！原来他的脚被重重地踩了一下，"眼睛瞎了！"他张口就骂。旁边一位女士尴尬地跟他道歉："对不起，对不起……"，他正眼也没看她："我今天去面试，你踩脏了我的皮鞋。要是我面试没通过你得负责！"女士一再道歉才避免了事态的升级。

⭐ **场景五**

某影剧院正在上映精彩影片，一观看者看到兴奋处，毫不顾忌地站起鼓掌，大声叫好，手舞足蹈，还不时与同伴对影片中演员的演技品头论足。

问题 1：上述五个场景中，各个角色的言谈举止有什么不符合礼仪的地方吗？如果有，请指出来。

问题 2：在现实生活中，面对这五个场景，你该如何去做？

职业生活小贴士

社会交往中的"十不要"：

1）不要到忙于事业的人家去串门，即便有事必须去，也应在办妥后及早告退；不要失约或做不速之客。

2）不要为办事才给人送礼。礼品与关系亲疏应成正比，但无论送什么礼品，都应讲究实惠。

3）不要故意引人注目，喧宾夺主，也不要畏畏缩缩，妄自菲薄。

4）不要对别人的事过分好奇，再三打听，刨根问底；更不要去触犯别人的忌讳。

5）不要拨弄是非，传播流言蜚语。

6）不能要求旁人都合自己的脾气，须知你的脾气也并不合于每一个人，应学会宽容。

7）不要服饰不整、肮脏，身上有难闻的气味。反之，服饰过于华丽、轻佻也会惹得旁人不快。

8）不要毫不掩饰地咳嗽、打嗝、吐痰等，也不要当众修饰自己的容貌。

9）不要长幼无序，礼节应有度。

10）不要不辞而别。离开时，应向主人告辞，表示谢意。

任务二 规划我的职业礼仪

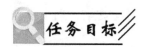**任务目标**

掌握职业礼仪的内容、意义，以及培养职业礼仪的途径，争做优秀的职业人。通过学习，完成"职业礼仪自我规划"和"电话礼仪情景模拟训练"的内容。

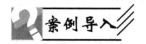**案例导入**

无礼电话带来的尴尬

小文大学毕业后进入一家公司。有一次，部门经理包先生要她打个电话给该公司另一个部门经理冯先生，请他协助处理一项工作。小文拨通电话就问："是冯经理吗？包经理叫我告诉你，把某事处理一下，包经理很急的。处理完了别忘了给我回个电话！"包经理在一旁皱了一下眉头，又摇了几下头。办公室的人听完这位刚毕业的女学生说的话都笑了。此后，包经理很少再让小文做重要的事情了。

❧ **想一想**

小文打电话时的不当之处在哪里？如果你是小文该如何打这个电话？

**知识链接**

一、职业礼仪概述

1. 职业礼仪的含义

职业礼仪是指各行业的职业人员在工作需要的人际交往中应遵守的交往艺术，是职业人员必须要讲究的自尊敬人的行为规范。它包括言行举止的规范和美两个层次。

职业礼仪的基本目的是塑造良好的个人职业形象，进而维护良好的组织形象，维护民族的尊严，维护国家的利益。

2. 职业礼仪的意义

1）讲究职业礼仪能有效地提升个人素质，塑造良好的职业形象，如图 1-3 所示。

通过不断学习，有效地提升个人内在素质，由内而外彰显良好的综合素质；通过不断培养，有效地提升个人外在形象，自然地流露出职业的精神和素养。

礼貌的举止有利于自己事业的发展，并提高自己的职业威望；而不礼貌的行为可能会使升职从此与你无缘，甚至会让你失去工作的机会。

图 1-3　举止有礼

2）讲究职业礼仪，有利于人际沟通与交流。

职业活动中，每时每刻都离不开与人交往。要使人际交往有效、高效，必须善于建立良好的沟通渠道。讲究职业礼仪，给人以有教养、有能力的感觉，备受社会公众的尊敬和欢迎，能够打通人际交往的阻碍，把尊重、重视、真诚和友好传达给交流的对方，建立起良好的沟通渠道，方便我们的人际沟通与交流。

3）讲究职业礼仪，有利于维护所在组织的形象。

在工作中，职业人员并不仅仅代表个人，而更多地代表组织整体。每个个体都是组织的形象代表。社会公众对该组织每个个体形象的评价，直接关系到社会公众对该组织的评价和取舍。职业人员重视、讲究职业礼仪，会产生良好的实际效果。塑造良好的职业人员形象，会有利于维护所在组织的形象。

礼貌让她赢得良好的开端

财会专业的中等职业学校毕业生李爽毕业后，经过笔试、面试，终于被一家外企公司录用，从事财务会计工作。报到之前，老师、家长都告诉她一定要注意言谈举止，而她也意识到自己学历不高，能够取得这份工作不容易。

报到的当天，李爽准时来到公司，到了前台接待处她就礼貌地做自我介绍："您好！打扰了，我叫李爽，是来报到的，请问张经理在吗？"

在接待人员的带领下，李爽来到了人事部张经理的办公室。她礼貌地和每个人打招呼，在离开办公室的时候，不但和张经理说再见，出去后轻轻地把门带上，还到前台接待处与接待人员礼貌告辞，"刚才谢谢你替我引路，今天我先走了，再见。"

当她走到楼下的时候，遇到一位长者要找公司的经理："您好！请问人事部的张经理在吗？我找他有事。"她想了一下，说："对不起，我今天刚来报到，也不太清楚，我带您到前台接待处问一下吧！"

就这样，她的热情、开朗、礼貌，在报到的时候受到了公司很多人的好评。上班之后没多久，她就成了受欢迎的人。

二、职业礼仪的内容

1. 电话礼仪

电话已成为现代职场使用频率最高的通信工具。毫无疑问，接、打电话的质量反映了一个人对待工作的真实态度。对方通过你接、打电话的方式、表现，对你的形象、性格、素质就能有大致的了解。

（1）基本注意事项

1）要选好时间。打电话时，如非重要事情，尽量避开受话人休息、用餐的时间，而且最好别在节假日打扰对方。

2）要掌握通话时间。打电话前，最好先想好要讲的内容，以便节约通话时间，不要一边想一边说，不要"煲电话粥"，通常一次通话不应长于 3 分钟，即所谓的"3 分钟原则"。

3）要态度友好。通话时不要大喊大叫，震耳欲聋。

4）要用语规范。通话之初，应先做自我介绍，禁忌让客户去猜谜语。

5）勿假公济私。单位电话当然是为了因公使用，不应用来处理私人事情，这同样是基本的职业操守。有些外企在走廊或休息区专门配置了供员工拨打私人电话的投币电话，目的是让大家明白每个人办公桌上的电话仅限于因公用途，而不是可以随意聊天或处理私人事务的。

（2）打电话　就打电话的实际流程来看，要注意以下三个方面：

1）事先准备。为了获得最佳的通话效果，每次打电话之前都要做好充分准备。如把受话人的姓名、电话号码、通话要点等内容列出一张"清单"。这样一来，通话的时候就可以以此办理，不至于出现边说边想、缺乏条理、丢三落四的情况了。

2）打电话的时间。按照惯例，通话的最佳时间有二：一是双方预先约定的时间；二是对方方便的时间。如果不是遇到十万火急的情况，不要在节假日、用餐时间和休息时间给别人打工作电话。如果是打国际电话，必须要考虑时差。

3）通话长度。既然电话因公而打，就必须对通话的具体长度有所控制，基本的要求是：以短为佳，宁短勿长。作为因公的电话，刚开始基本的寒暄是必要的，但要点到为止，不要没完没了、本末倒置；然后开门见山、直奔主题。交谈完毕后，再简单复述一下通话内容，结束电话。

（3）接电话

1）态度上应谨慎、礼貌、专注、亲切，保持微笑、宽容的表情。

当对方听到礼貌的称呼时，喜悦、被尊重的感觉油然而生，双方将在愉快的气氛中开始交谈，这一天的心情也因此倍感兴奋与快乐。适当的表情可以使说话的语气变得亲切，令对方在听筒里感受到你的礼貌和专注。

2）声调、音量适中，速度不急不缓，并融入感情。

试想我们的嘴巴说"谢谢"，但心里却把对方恨得牙痒痒的，受话者必定也能感觉出你的心不甘、情不愿。

3）使用简单、直接的语言。

例如"是的""好的""谢谢您"等，咬字要清楚，例如"许""徐""董""总"，在电话中很容易混淆。

4）声音与名字结合在一起。

要学会辨识来电者的声音，经常来电，我们认不出对方的声音，总是制式地问："您哪位？"对方心里会感觉很不舒服。

5）常将"请""谢谢""对不起"挂在嘴边。

礼貌用语应该常用，但注意不要凡事都用"对不起"，过分的道歉会让人觉得太虚伪。

6）常说"您"取代"你"，多说"我们公司"，少说"你们公司"。

让对方有一种被认同的感受，一下子缩短了彼此的距离。相信做进一步的要求与其深谈会比较容易。

7）挂断电话时要轻放，或者挂电话前先用手轻按切话器。

（4）手机礼仪

1）不用手机的场合有：在飞机上，不管业务多忙，为了安全，一定要关机。在和客人洽谈的时候，关掉手机或者至少把手机调成振动状态是必要的，以免分散自己的精力，也是对对方的尊重。在剧院或电影院，接打手机是极其不合适的。如果需要保持联络应该把手机调到静音状态，采用静音的方式接发手机短信。在餐桌上特别是在宴会上，应该关掉手机或是把手机调到振动状态。不要在举杯祝酒或正吃到兴头上的时候，被一阵烦人的铃声打断。开会的时候，接、打手机是对所有与会者的不尊重。

2）手机放在哪里：工作场合手机要放在合乎礼仪的常规位置，如随身携带的公文包里，或者上衣的内袋里。手机不要在不用的时候拿在手里或挂在上衣口袋外面或脖子上。开会的时候可以把手机交给会务人员代管，也可以放在不起眼的地方，如手袋里、衣服口袋里，但不要放在桌上。

3）接打的声音。通话时的声音要适度，特别是在公共场所更要注意不要妨碍别人，以免引起大家的侧目和反感；也不要当众表演，不注意自己的隐私。

如果遇到有些地方手机信号不好而导致无法通话的时候，可以先挂机，过一会儿再联络，千万不要一味大声"喂！喂！"地呼叫，以免对别人产生干扰，引起别人的反感。

4）手机短信。在一切需要把手机调到振动状态或是关机的场合，如果短信的声音此起彼伏，和直接接、打手机又有什么区别呢？一边和别人说话，一边查看手机短信，同样说明你对别人的不尊重，对谈话内容的不在意。

5）铃声的使用。现在越来越多的人，特别是年轻人喜欢使用彩铃。有些彩铃很搞笑，或很怪异，但是彩铃是给打电话的人听的，如果你需要经常用手机联系业务，最好不要用过于怪异、格调低下的彩铃，以免影响你和单位的形象。

2. 接待与拜访礼仪

（1）接待礼仪　接待是职业人士的一项重要工作内容，是希望来访者能乘兴而来，满意而归。为达到这个效果，在接待过程中就要遵守平等、热情、友善、礼貌的工作原则。接待礼仪有以下几个方面需要注意：

1）待客礼仪。看到客人来的时候，应笑脸相待、起身相待，问候客人，同时说："您好，我是×××"，然后请对方到会谈的地点落座后，再交换名片。

接待过程中，陪客人走路，一般要请客人走在自己右边。在走廊里，应走在客人左前方几步。转弯、上楼梯的时候，要回头以手示意，有礼貌地说声"这边请"。乘电梯的时候，如果有工作人员掌控电梯，请客人先进；没有工作人员，则自己先进，然后让客人进。到达的时候请客人先出。到达接待室或领导办公室，要对客人说"这里是××办公室"。要先敲门，得到允许再进；门如果是向外开的，应该请客人先进去；门向里开的，自己先进去，按住门，再请客人进。

要认真倾听来宾的叙述。对来宾的意见和观点不要轻率表态，应思考后再做答复。对不能马上答复的或超出自己职权范围的，要约定一个时间再联系。

如果要结束接待，可以婉言提出借口，如"对不起，我要参加一个会，看来今天只能谈到这儿了"等，也可用起身的身体语言告诉对方结束这次的接待谈话。

不恰当的接待礼仪

小李刚参加工作不久，被企业领导安排接待一批客户。接待当天，小李早早来到机场，当等到来参加联谊会的人时，他便开口说："您好！是来××企业参加联谊会的吗？您的单位及姓名？以便我们安排好就餐与住宿问题。"小李有条不紊地做好了记录。后来在会场，小李一直小心翼翼在前面帮客人引路，虽然自己一向走路很快，但是他放慢步伐，很注意与客人的距离不能太远，一路带着客人，上下电梯小李也是走在前面，做好带路工作。原本心想很简单的事情，却几次被上级批评。

【分析】在迎接礼仪中，小李与客人职位和身份并不相当，他应主动向客人做出礼貌的解释。而小李没有做出任何解释，容易引起客人误会。接到客人后要主动打招呼，握手表示欢迎，同时说些寒暄辞令、礼貌用语等，而小李没有事先了解要接待客人的相关信息，张口就问，十分不礼貌。在引导客人时，应主动配合客人步伐，保持一定距离。在出电梯时，应改为客人先走出电梯，自己在后面，以保证客人安全，而小李出电梯时，自己走在前面也是不恰当的。

2）敬茶礼仪。一般的来访，特别是有约在先的来访，敬茶是起码的礼貌。如果有选择余地，告诉客人都有哪些茶，征询他们的意见。

倒茶的时候，要掌握好茶水的量，"茶满欺人，酒满敬人"，茶水倒杯中七八分满就可以了。

端茶时要注意，要双手给来宾端茶。对有杯耳的杯子，通常是用右手抓住杯耳，另一只手托住杯底，从来宾的右后方送上茶水。站到来宾右后方的时候同时说："对不起，打扰一下"，之后再说"请用茶"作为提醒。切忌用手指捏住杯口边缘送到来宾面前。敬茶要先客后主。如果是多位来宾，就要依职位高低顺序分别、依次上茶。如果不方便，也可以按座位顺序上茶。

3）送客礼仪。来宾告辞，一般应婉言相留。来宾要走，应等来宾起身后，再起身相送，不要来宾一说要走，主人就站起来。送客的时候，不要主动与客人伸手相握，否则有催促对方快走的嫌疑。送客一般应送到门口，对重要客人也可以送到大门口，目送来宾至少走出50米之后再转身返回。

即使只把客人送到办公室门口，也要目送客人走出至少20m远再转身返回，不要在来宾刚走出几步，就听见身后"砰"的一声关门，让对方觉得自己是不受欢迎的人。

（2）拜访礼仪

1）要事先预约时间、地点和人数。

约定时间就是要约定在双方特别是对方合适和方便的时候，并协商决定做客的具体时间和大概的持续时间。如果由自己提议见面时间，也必须考虑对方的时间安排，并同时提供几种时间段供对方选择。如果确实出现特殊情况需要推迟或者取消拜会，必须尽快通知对方并表示歉意。

约定地点可以是拜会对象的工作地点，也可以是其私人住所，或者在环境优雅安静的咖啡厅、茶馆等。

一般情况下，双方参与拜访的人员及其数目一经约定，便不宜随意变更。做客的一方要特别注意，切勿在没有告知主人的情况下随意增加拜会的人员，以避免给主人已有的安排计划造成不必要的干扰，影响拜访的效果。

2）做好准备。拜访前需要做以下准备工作：名片是自己身份的代表，交换名片也能更加获得对方的好感和信任，同时准备充足的书面资料，能够说明你的诚意，也足以使你在拜访中有条有理、主旨分明，会得到很高的印象分；拜访前要对自己的仪表服饰做些准备，衣服要端庄、整洁。男士最规范的是穿西装，女士最规范的是穿套装。要以干净整齐、端庄文雅的外表，给对方留下良好的印象。

3）做客之道。来到拜访单位后，要跟接待人员或秘书人员说清楚：你是谁，是和谁预约好的，并请其转达、通报。

接待人员或秘书把你引领到指定地点，见到被拜访者的时候，不要忘记对接待人员或秘书道谢。如果没有接待人员或秘书引领的话，来到被拜访者办公室外，在进门前要先轻声地敲门或按门铃。敲门应是有节奏的、速度适中的三下，不能猛敲。即使门是开着的，也要站在门旁轻轻敲门，获得允许后再进入。

在进入被拜访者的办公室后，要主动和对方打招呼问好，有其他人在场要点头致意，如果被拜访者不主动介绍，不要主动询问别人和被拜访者的关系，以及来访的原因等。

进入室内之后，不要见到座位就马上坐下，而应坐在主人指定的位置。就座的时候，最好和其他人，特别是主人一起落座。

拜访礼仪强调"客随主便"，以充分体谅被拜访者。到他人办公室乱翻乱动是对别人的不尊敬，即使去拿书刊杂志翻阅，也要征求一下意见。

当接待人员、秘书或被拜访者给你奉茶的时候，要立即起身双手相接，并致谢。喝茶时要慢慢品饮，不要一饮而尽，也不要发出声音。

4）适时告辞。一般来讲，如果双方事先已经定好了拜访时间的长短，就要有时间观念，到点就应该告辞，而不应聊个不停，影响主人的其他安排。如果双方事先没有约定会见时间的长短，一般应以一小时左右为限。当宾主双方谈完该谈的事情，就要及时起身告辞。

离开时要主动告别，不辞而别是不礼貌的。道别时要向在座的其他人致意。出门后，要请主人止步并道谢，如说声"谢谢您今天的热情接待""请留步"等，切忌不和主人打招呼就扬长而去。道别的时候要和主人握手告别并感谢主人的热情招待，但也不要让主人送出很远，或是在门口停留过长时间。

3. 与上级相处的礼仪

领导是一个单位或部门的灵魂。尊重领导，是下属的天职，是上下级之间良好关系的前提和基础。

（1）不乱传话　在私下场合，领导难免也会和他认为关系比较亲近的下属不经意地透露一些单位尚未公布或者尚未正式形成决策的事情。如果你听到了，既不应随便评论，更不能当作"独家猛料"四处传播。否则，既不利于单位的安定团结、影响单位形象，又会影响单位的决策、甚至泄露机密。

（2）不越职权　不越自己的职权行事，这也是尊重领导的表现。一般情况下应该只向直接指挥自己的领导请示和汇报情况，不应越级请示汇报，没有获得授权，也不能代替领导或者其他同事行使本应属于他们的职权。

（3）维护尊严

1）领导理亏时，给他台阶下。常言道：得饶人处且饶人。对领导更要这样。领导并不总是正确的，但领导又都希望自己正确。所以没有必要凡事都和领导争个孰是孰非，在适当的时候给领导台阶下，维护领导的尊严。

2）领导有错时，不要当众纠正。如果错误不明显、无关大碍，其他人也没有发现，可以"装聋作哑"。如果领导的错误明显、确有纠正的必要，最好寻找一种能使领导意识到而不让其他人发现的方式纠正，让人感觉领导自己发现了错误而不是下属指出的，如一个眼神、一个手势，甚至一声咳嗽都能解决问题。

3）提建议时要讲究方式，考虑场合。不要当众提建议，应该选择在领导不忙、心情较好、没有其他人在场的时候。提建议时不要急于否定领导原来的想法，而要先肯定领导的大部分想法，然后有理有据地阐述自己的见解。

4）不推卸责任。要明确自己的责任，避免工作中的扯皮、办事拖拉、推卸责任、透过他人等不良的工作作风。

5）适时汇报工作。工作进展到一定程度，或者遇到了会影响工作进度的重大困难，都应主动向领导汇报，或者让领导主动掌握工作进度，或者请领导提出指示意见。

6）维护领导的核心形象。领导是一个单位或者部门的核心，无论在什么场合，下属都应尊重领导。

到底谁是老板

在某日资公司，一位员工打了个电话给上司，说家里有点事，要请一天假。可他却是这副腔调："老板，我今天不能来上班，要请假一天！"挂了电话，他上司一脸迷惘地嘟囔："老板……我们俩到底谁是老板啊？"平心而论，他的工作能力不错，但是谁又敢把重要的事情托付给他？同事不放心，上司也不放心，自然，升职、加薪、培训……种种好处，一样也轮不上他。他最后待不住，辞职了。

点评：这位员工犯了一个错误，就是把领导当成了普通员工，于是，不由自主用了想和对方打成一片的口气。有些公司可以容忍这样的语气，但是在大部分公司里，你必须让上司感受到被尊重。如他的请假方式，如果换成"老板，我今天有点事，想请一天事假，您看方不方便？"那就成了"请示"。每个人，尤其是你的上司，一定喜欢被请示，而不是硬邦邦地被告知。

（4）应对批评　受到领导的批评，会产生不愉快心理。被批评者有怨言也正常，因为产

生错误的原因是多方面的。但是，对于领导的批评，要做到正确对待。尽管有时批评的分寸、口气、方式等不一定适宜，或有偏颇，或有出入。但是，领导的出发点都是为了把工作做好。同时要学会换位思考，哪一级领导都要对他的下属负责。如果领导真的批评错了，也不能当面反驳领导，可以私下选择一个适当的时机跟领导说明白，领导一定会对你有个好印象。一个会尊重领导的下属，也同样会受到领导尊重。

谦虚使人进步

某留学咨询公司专员柯先生做如下讲述：

我进公司比较早，所以比起现在刚进入公司的一些同龄人来说，我已经工作了三四年，可以说是属于他们的"前辈"了。虽然我自认学历没有他们高，可是毕竟在社会上摸爬了几年，心智上都比他们要成熟一些。在我看来，这些初涉社会的同龄人的确有才识、有胆量，在工作上也愿意倾注自己的努力。但是不可否认，他们身上依旧存在着这样那样的缺点，有一些甚至是"致命伤"。譬如，我觉得有些新人就很不懂得"知之为知之，不知为不知"的道理，明明是不怎么懂，却也装出一副很了然于心的样子，而真正碰到事件的关头，就显得很无能。而且有些人听不得批评，一旦做错事就开始猛找借口，企图回避责任。这样不能正视自己的错误，势必还是要重犯的，肯定对自身也没有多大帮助。我想老板们还是愿意看到虚心踏实的员工，不喜欢逞能张扬的人。就算自己真的不懂，承认自己不了解但是愿意学、愿意补，态度就很端正了。这样的新人同样还是能得到肯定，继而也能得到更多展示自己的机会。

---

4. 与同事相处的礼仪

与同事相处是职场的重要一课。与同事建立友好、融洽的关系是顺利开展工作的基本前提之一。

（1）男女平等的意识 当今社会，男女同工同酬，彼此之间是平等的，应该树立平等、独立的意识。

（2）规范礼貌的称呼 上级要用职务来称呼，如"李科长""王经理"，而不能因为彼此熟悉了，就称呼"老李""老王"。同事之间的称呼也不能草率，一般以姓氏、名字相称，而不要叫人外号。在电梯里遇见同事，或者在茶水间遇见同事，要礼貌地打招呼，即使是不熟悉或者不是很要好的同事，也应该点头示意，不能高傲地视而不见。如果有同事因为表现优异而获得了表彰或升迁，应该对他表示由衷的祝贺，而不是说一些尖酸刻薄的风凉话，嫉妒是人性最大的致命伤，一个心怀嫉妒的人是不可能具有良好的人际关系的。

（3）言行谨慎 不要喋喋不休，或者逢人就抱怨自己的工作太多、太琐碎，否则，久而久之，同事看到你就会掉头走开，免得听你诉苦。喜欢打小报告的人在办公室里是不受欢迎的，专打同事小报告，到最后只会落得孤立无援的地步。此外，不可在同事背后中伤或散布谣言，伤害同事形象。

有的秘书因为上司位居要职，就狐假虎威、趾高气扬起来，逢人就讲"那个做好了没有，老板待会儿要，记得给我"，到处发号施令，俨然一幅老板的样子，这样做只会让同事认为是小人得志。

闲言的隐患

　　早上刚上班，秘书小张就神秘兮兮地对大家说："你们知道我昨天在王府井看到王经理和谁了吗？"别人都说不知道，小张得意地说："我看到王经理和一个女孩一起在王府井买东西，那女孩可年轻了，长得还真不错，你们说，她是王经理的什么人呀？""她是我妹妹！"小张的身后有人回答。小张回头一看，傻眼了，王经理正站在那儿。

　　（4）工作积极主动　认真工作的人总会受到大家的尊重，如果别的同事很忙，而自己比较空闲，这时就应该主动伸出援手帮忙处理，而不能一副事不关己、高高挂起的样子。在工作中如果出了差错，要主动承担责任，一味地推卸责任只会获得同事的鄙视和回避。

　　（5）公众礼仪　办公室是公众场合，必须遵守公众礼仪。首先，不要在办公室里抽烟。其次，有的人在办公室把鞋子脱掉，这样做非常不雅观，如果一定需要让脚轻松一下，可以自备一双软鞋在办公室里换穿。

　　（6）换位思考　不同教育背景、不同年龄、不同工作岗位和身份的人，思维方式、办事方式也都各有千秋。所以，工作中必须经常换位思考，才能有一个和谐的同事关系。

初入职场，礼貌是第一课

　　某货运公司财务刘女士曾讲述这样一个故事：

　　我们公司的场地构造有点特殊，进门的玄关旁边有一个座位，因为我是财务，不用和他们项目组的同事坐在一起，所以玄关旁边的位子就是我的座位。我们前几个月新来了一个大学毕业生，每次进门首先看见我，招呼不打一声，头也不点一个，而且还直瞪瞪看了我一眼就走进去了，我怀疑她可能以为我只是相当于前台的阿姨，所以如此不屑。后来过了几天，大概她终于搞清楚我并非什么接接电话、收收快递的阿姨，而是掌管她每个月工资的"财政大臣"，猛地一天就殷勤起来，一进门这声"刘老师"叫得响亮。可是，我心里的感受却不一样了，即使她现在对我再怎么尊敬，毕竟是有原因的，我对她也不会有什么好感。我就很纳闷：怎么一个堂堂大学生刚进社会就学会了势利？如果我真的是前台阿姨，是不是她这辈子都不打算跟我打招呼？新人刚进职场，礼貌非常关键，人际关系一定要妥善处理，不能以貌取人或者想当然，要记得职位较低的员工同样也是前辈或者长辈，哪怕是打扫卫生的阿姨，如果正好清理到自己的纸篓什么的，不忘记说一声"谢谢"，就会平添自己很多的亲和力和人缘。刚刚毕业的大学生真的是要好好树立自己在公司的第一印象，这可不是闹着玩的。

　　（7）学会关心　学会关心，不仅是关心同事本人，更是通过关心同事，体现出你对这个团队的关注和呵护。如同事生日、结婚、升迁、乔迁等，都可以表达祝贺；同事身体不舒服甚至生病时，应表达同情和问候；同事买了新衣服，适时适当地赞美一下；同事出差时，可以嘱咐他们一路上照顾好自己，并祝他们马到成功；出差回来的时候，要表达问候等。不能成为一个"不食人间烟火"的另类。

三、培养职业礼仪的途径

　　职业人员只有具备良好的礼仪修养，才能真正在人际交往中展现出良好的职业形象，才能真正使自己的事业辉煌、人生幸福。

1. 掌握职业礼仪的原则

所谓"知而后行，不知则行乱"。有些人在交际中失礼，并非他内心不想讲礼貌，而是因为他不懂得怎样来表现自己的礼貌，显得心有余而力不足，无法让自己和他人满意，甚至有人已对他人失礼了，但他自己却毫无知觉，这实在是很遗憾而可悲的事情。要让大家都有一个轻松、和谐的环境，每个人就必须把自己不符合社会环境需要的随意性，用同一尺度、同一标准来进行约束和规范，这尺度就是礼仪。

外交史上的一段佳话

有一次，在中国外交部宴请国际友人的宴会上，我国拿出了稀世国宝"九龙杯"为他们斟酒，谁知其中一位地位显赫的先生宴后竟不客气地把"九龙杯"装进自己的提包里，带出了宴会厅。外交官们得知后懵了，这可是稀世珍宝啊！要？尊客难堪，不要？痛失国宝无法交代，怎么办？周总理做出提示：不要声张，更不可直接去要，伤面子，又伤和气，但国宝必须取回。于是，晚上组织了一场娱乐晚会，在杂技表演中，安排了一个叫"智取九龙杯"的节目。节目开始，只见魔术师将手里的"九龙杯"晃了一下说："现在我就将这只杯子送到一位先生的皮包里，请诸位看仔细。"白光一晃，杯子不见了，于是，魔术师指着那位先生的皮包说："现在这只杯子跑到这位先生的皮包里去了。"于是请这位先生打开皮包，不用说，里面果然有一只"九龙杯"。就这样，稀世国宝收回了，一件外交史上罕见的麻烦就这样戏剧性地解决了。周总理用自己的才智，在尊重人格的基础上，避免了矛盾，给人台阶下，尊重别人的同时就尊重了自己。

---

2. 提高自己的内在素质

（1）思想美、心灵美，才能成就外在美　在人际交往中，要做到诚心诚意地尊重他人，自然而然地礼貌待人，而不是摆样子、做姿态，我们就必须以高度的思想道德修养为前提。周恩来总理在他 45 岁时，虽然早已德高望重，可他仍为自己制订了七条《我的修养要则》，并且一直身体力行，恪守到老。

（2）文化修养的提高，能有效地推动礼仪修养的提高　文化水平与个人的素质息息相关。有教养的人大都是有知识、懂科学、有文化的人。他们自信稳重、举止文雅、谈吐大方，而且思考问题周密，分析问题透彻，处理问题有方，在社会交往中具有吸引力。因此，职业人员应自觉学习文化知识、专业知识，不断提高自己的文化修养，增加人际交往的"底气"，使自己在人际交往中游刃有余、潇洒自如。

（3）加强艺术修养，培养高雅气质　艺术作品包含着丰厚的民族文化，更凝聚着艺术家的思想、道德和人生态度。职业人员应尽可能多地接触情趣高雅、艺术性强的艺术作品，学习欣赏美、鉴赏美、创造美。思想得到启迪，高尚的情操和文明的习惯就会逐渐培养起来，高雅的气质也会自然地形成。

简而言之，礼仪不仅仅是一种外在的表现形式，它更体现一个人对他人和社会的认知水平、尊重程度，是一个人学识、修养、才能和价值的外在表现。它是一个人的内在素质的综合反映和自然流露。

3. 强化礼仪规范的实践训练

人才培养的规格应该是：内秀外美。内，主要指品德、文化、智慧、修养、能力等；外，包括穿衣打扮、举手投足、一颦一笑。只有当心灵美、行为美和形式美统一成一体时，那才是真正的美。外在美的培养，有它自己的形成途径，是后天教育中必须学习的一部分。塑造后天美的形象，培养挺拔的气质，能使动作更优雅，行为更规范，气质更迷人，更显职业气质和精神。

"吃相"难看，影响全局

某国际贸易有限公司项目主管郝先生曾讲述这样一个故事：

我带的那个小伙子在经过了三个月试用期后，我们对他基本上还是满意的。之后，正逢一个较大的项目紧跟而来，公司里人手有点紧，于是我想不如让他锻炼锻炼，见见大客户，也好上手快一点。虽然这一举动有点冒险，但通过几个月的观察考核，我当时还是相信他可以做好的。没想到，一顿饭的功夫，我就发现这次带这小伙子出来真是冒失之举了。平时看他挺注意形象的，每天来上班干干净净，做事情稳妥，遇到紧急关头也没有气急败坏，可是关键时刻却失了足。那天去见重要客户，上了一家很高级的餐厅，其实是我们经常去的地方，但是对于他来说可能是第一次到这样高级的场所。大家点的都是牛排之类的西餐，我猜想他大概没接受过什么正规的西餐礼仪的培训，饭桌上除了使用刀叉很笨拙之外，吃相也越来越难看。本身和客户吃饭，主要目的是为了联络感情、促成生意，又不是真的让你去大饱口福的。后来，不知道是不是他吃相的关系，客户给我们下的订单少了将近 30%。尽管不能说完全是他的原因，但是这样的手下带出去真的叫人在一旁擦汗啊。无论如何，在进入社会之前，职场礼仪还是应该了解一下的。

---

4. 形成良好的行为习惯

学习礼仪要做到学以致用，养成良好的行为习惯。礼仪修养是一个自我学习、自我磨炼、自我培养的过程。在日常生活、工作中，要刻意培养良好的行为习惯，注意自我检查，自我监督，坚持按礼仪规范行事，逐步养成习惯。在现代开放的社会中，我们每天都有许多交际的机会，应该有意识地把每一次交往都作为锻炼自己交际能力的机会，不断地学习；还要善于向他人学习，不断地实践，不断地总结，才能不断提高自己的礼仪水平，最终成为一位优秀的职业人员。

总之，培养良好的礼仪修养的过程，实际上是在高度自觉的前提下使自己整体素质提高的过程。它不是一朝一夕的事，而需要我们从点滴细节入手，从举手投足做起，只要有恒心，一定能从内到外提升我们的素质和能力，打造出专业而练达的职业形象。

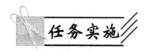

任务实施

1. 填写职业礼仪自我规划表（表1-1），并依照所规划内容在生活中实践。

表1-1 职业礼仪自我规划表

职业礼仪的内容	自 我 规 划
与同事相处的礼仪	
与上级相处的礼仪	
电话礼仪	
接待拜访礼仪	

2．模拟电话礼仪情景，并回答问题。

★ **场景一**

"嘀铃铃……"电话铃响起。

接听方："喂，找谁？"

拨打方："让张××听电话。"

接听方："我们这儿没这人。"

拨打方："不可能，他说让我打这个电话找他的。你这里是12345678，是吧？"

接听方："我们这里是12345678，但我们这儿没张××这个人，你听不懂啊？"

拨打方："喂，你这人怎么说话的？他给我这个电话号码，怎么可能没这个人？你不帮我叫人，也别说没这人啊！"

接听方："哎，本来就没这个人嘛，真是的，莫名其妙！"（挂上电话）

★ **场景二**

"嘀铃铃……"电话铃响起。

接听方："您好，这里是××公司××部，请问有什么需要帮助的吗？"

拨打方："您好，请问张××在吗？麻烦您帮我找一下，可以吗？谢谢！"

接听方："对不起，您是不是弄错了，我们部门没有张××这个人。"

拨打方："啊，请问您这里的电话是不是12345678，是不是××公司××部？"

接听方："是的。"

拨打方："是这样的，我们这里是××职业学校，张××是我们学校三年级的学生，这一个月在你们公司实习。"

接听方："哦，您说的是实习生小张啊，对不起，我不知道他叫张××，请您稍候。"

拨打方："好的，谢谢。"

问题：为什么不同的用语导致不同的结果？

服务忌语20句：

1．你找谁？

2. 等着!
3. 不知道。
4. 该下班了,快点!
5. 急什么急。
6. 我就这态度,怎么着。
7. 你长没长眼睛?
8. 现在才说,早干什么去了!
9. 就你毛病多,别人怎么都好好的?
10. 墙上贴着呢,自己看。
11. 少啰嗦,快说!
12. 你自己没做好,怪谁!
13. 有完没完。
14. 今天真倒霉,碰上你。
15. 我现在没空,等会再说。
16. 看啥看,错不了。
17. 有意见找我们领导去。
18. 你问我,我问谁啊?
19. 我在忙你没看到啊,急什么。
20. 马上下班了,你来了也没用。

思考与练习

1. 了解塑造良好职业形象的途径,谈谈作为一名中职生该怎样做。
2. 谈谈职业礼仪的重要意义。

项目二 安全教育

✳ 项目引言

生命是人生的基本价值，是其他一切价值的前提，生命对每个人来说都只有一次，因此，我们应该珍爱生命。珍爱生命首先表现为保护生命。青年学生在成长过程中会面临各种成长的考验，有些甚至是灾难性的。因此，我们青年学生应加强安全意识，学习安全知识，掌握自救互救常识，强化法纪观念，增加自我防范意识，培养防范能力和避免不法侵害的能力。

✳ 项目目标

1. 了解生产安全的重要性。
2. 掌握保证生产安全、社会公共安全的具体措施。
3. 养成重视安全、珍爱生命的好习惯。

任务一　识别生产安全标志，分析

违章操作的后果

任务目标

认识校内实习安全及企业生产安全的重要性，掌握保证实习安全、生产安全、社会公共安全的具体措施。通过学习，准确回答出各种生产安全标志的含义及各种违规操作的后果。

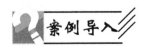

案例导入

心存侥幸　懊悔一生

某工厂液压车间，当工人们正全神贯注于生产工作时，忽然传来一声凄惨的呼救声："救命啊！"当人们循声而去，发现原来是在车间实习的一名中职生，由于困倦，工作过程中没能及时抽离自己的右手，结果导致半个右臂被压在机台上。

工友们马上拉闸断电，齐心协力把该实习生救出后抬下工作台。虽然经过及时、认真抢救，但终因伤势过重，该实习生右臂终身残疾。

事故原因分析：该实习生工作前夜，与同学们在网吧上网一夜后未休息片刻，便带着侥幸的心理接着上班，满以为可以挺得住，却没想到终难抵住困意，疏忽大意，一不留神，终酿大祸。虽然医治及时，但还是付出了血的代价。

➤ **想一想**

该实习生发生事故的原因是什么？该事故给我们中职生的启示是什么？

一、校内实习安全

1. 校内实习安全的重要性

> **违章操作的隐患**
>
> 某校电工实验室，正在进行焊接电子电路实验，刘旭同学利用电烙铁、焊锡进行焊接电路板时，因看其他同学焊接速度较快，一时心急，本应该等焊锡自然冷却，他却边进行焊接边用嘴去吹焊锡，以求加快速度。没想到，没干透的焊锡顿时飞溅起来，有一小部分焊锡直接飞入刘旭眼中，幸好，被实训老师及时发现，马上采取补救措施，并及时送入医院，后因医治及时，并未造成任何伤害，但这一切也足可以让老师与同学们引以为戒。

分析此次事故的原因，主要有：一是刘旭同学违反操作规定，用嘴直接吹焊锡，导致该事故的发生；二是刘旭同学忙中出乱，盲目蛮干，从而造成恶果；三是缺乏安全意识，麻痹大意，导致危险发生。

从刘旭同学的危险后果中，作为一名在实验室进行技能培训的中职生应看到，如果不遵守教育教学实训的安全规定，违章操作，后果是极其严重的，轻者皮肉受伤，重者则可能危及到自己和他人的生命安全。

所以，为己为人的安全，更为了不让自己的亲人牵挂而流泪，我们一定要在技能实训中遵规守纪，宁流十滴汗，不流一滴血！只有安安全全实习，认认真真学习，规规矩矩操作，才会让我们学有所成，提高技能，为今后更好地成为一名名副其实的技术型劳动者打下坚实基础。

2. 校内实习安全具体措施

（1）严格遵守教育教学中的特定规章制度　例如在实习车间中，如图 2-1 所示，不遵守规章制度的后果是很严重的。不同类别的教育教学实训，规章制度也会有所不同，任何一种规章制度，都是从血的教训中得出，在实践中得以完善。前车之鉴，不可忘！

图 2-1　学生在实习车间

下面列举车工实训时的特定规章制度及不加以遵守会产生的后果，以便引以为戒。

1）着装方面：

● 　必须穿戴好学校指定的个人防护用品，工作服不得有飘荡部分，衣扣要扣好，扎紧袖口。

违反后果：衣服、袖口会被卷入机器，从而造成人身伤害事件。

● 　女同学必须戴帽子，头发要夹紧，放进帽子里。

违反后果：头发被卷入机器，造成重大人身伤害事故，重则残疾。

● 　不准穿凉鞋、拖鞋、高跟鞋或光脚进入工作现场。

违反后果：会导致足部受伤、滑倒，造成人体受伤。

● 　要戴好保护镜。

违反后果：铁屑会蹦入眼睛，强光会灼伤眼睛，造成眼睛不同程度的受伤，形成重大的人身伤害。

2）卫生方面：

● 　要及时有效地清理地面上的铁屑。

违反后果：如不及时清扫，可造成足部被扎、滑倒，导致发生伤害事故。

● 　禁止放工作服或杂物在机床的导轨面上与工作台上，要保持机台的干净、整洁。

违反后果：会阻碍正常的工作，造成机器卡、夹、碰、飞，形成安全隐患，导致人身受到伤害。

实习中的特殊规章制度，是针对性较强的，目的就是要保证实习者的人身安全，提高实习者的专业技能。

（2）按章操作，重视安全，关注生命　在实习过程中，作为学生的我们更应听从老师的指挥，服从安排，按章操作，否则后果严重，代价惨重。

（3）不要使用工具打闹，否则易导致人员受伤　某校钳工实验室，同学们正在用锯条锯削铁料，邵月、杨明看到老师在指导他人工作，于是开始互相打闹起来，邵月随手用锯条向杨明打去，杨明没有躲开，锯条打在了杨明的头上，留下了一道血痕。老师与同学及时制止了两位同学的行为。

二、企业生产安全

1. 企业生产安全的重要性

> **粗心大意惹事端**
>
> 某市一家机床厂，某中职学校实习生张强，在午休时间与同学们海阔天空地聊天，聊到兴起，忘记了这是工作车间，把身体斜倚在一个车床的后面，右手则搭到此机床的夹盘上。时间匆匆，下午工作时间到了，操作此机床的同学未仔细检查，一边与他人说话，一边起动了机床的开关，丝毫未留意张强的手。顷刻间，张强的手被钻头挤到夹盘里，张强迅速抽离，但还是晚了一些，他右手小骨骨折，无名指被削去一小块肉，血如泉涌。后医治及时，张强的手并未留下任何残疾。

引发这一惨痛教训的原因归纳起来主要是：工作马虎、违规操作。这一系列在日常工作中常见却又时常被实习生忽视与遗忘的行为，常常会导致重大生产事故的发生。

作为一名中职生，无论是实习还是走上工作岗位，应时刻牢记"安全生产，关爱生命，远离事故，远离鲜血"。安全生产是生命的保证，是幸福的保障，是欢乐的阶梯，是企业效益的保证。

2. 安全生产，关爱生命

要保证安全生产，具体的做法如下：

（1）要时刻树立正确的安全意识，拒危险、事故于千里之外　首先，要有正确的安全意识。工作中精力集中、全神贯注；认真学习安全法规；关注细节，不遗漏任何死角；认真遵守操作规程；思想上时刻谨记安全，工作中时刻牢记安全；好好休息，工作时不喝酒。

其次，杜绝错误的生产行为。困乏疲倦、丢三落四；蔑视规章，盲目蛮干；粗枝大叶、马马虎虎；违规操作，心存侥幸；思想麻痹，工作中懒散、怠慢；迷迷糊糊、昏昏欲睡。

最后，谨记安全格言："不要等发生事故后，再去宣讲血的教训"；"规章是您生命的保护伞，您忠诚的卫士"；"不要让自己因一时大意，而后悔一生"；"侥幸一时遭祸害，痛苦一世悔恨迟"；"思想打硬仗，安全打胜仗"；"班前酒辣，辣口、辣人、辣昏头；伤后药苦，苦口、苦心、苦人生"。

（2）要学会合理利用防护品，减少危险　防护品是工厂配给工人的必要的工作防护用具，目的是减少工作过程中客观条件对人体造成的伤害，学会合理利用防护用品对于保护自己、减少事故，安全生产具有重大的意义。

工作过程中必要的防护主要包括头部、眼、脸、听力、呼吸、手等部位的防护，这几部分的防护用品、标志、适用环境具体如下：

1）头部防护用品：
- 安全头盔。
- 安全帽。
- 防护头罩。

适用环境：在太阳下户外工作时；当工作的区域可能会发生坠物时。

2）眼和脸部防护用品：

● 安全眼镜。

● 安全护罩。

● 护目镜。

适用环境：进行切割时；喷射涂装时。

3）听力防护用品：

● 耳塞。

● 耳罩。

适用环境：压榨操作时；抛光操作时；手持工具操作时。

4）呼吸防护用品：

● 防尘面罩。

● 空气净化呼吸器。

● 氧气供给呼吸器。

适用环境：手工操作时；涂胶水时；涂装时。

5）手防护用品：

● 防化手套。

● 防热手套。

● 网状手套。

适用环境：接触高温表面时；涂底漆时；切割废物时。

（3）要学会识别工作车间的安全标志　由安全色、几何图形和图形符号构成的，用以表达特定安全信息的标记称为安全标志。安全色包括红、蓝、黄、绿四种颜色，同时使用黑、白两种对比色，使安全色更加醒目。安全标志的作用是引起人们对不安全因素的注意，预防发生事故。安全标志分为禁止标志、警告标志、命令标志（图 2-2），它们分别表示的意义如下：

图 2-2　车间安全标志

1）禁止标志：主要用来表示不准或制止人们的某些行为，如禁放易燃物、禁止吸烟、禁止通行、禁止攀登、禁止烟火、禁止跨越、禁止起动、禁止用水灭火等。禁止标志的几何图形是带斜杠的圆环，斜杠与圆环相连用红色，图形符号用黑色，背景用白色。

2）警告标志：用来警告人们可能发生的危险，如注意安全、当心火灾、当心触电、当心爆炸、当心坠落、当心弧光、当心电缆、当心静电、当心高温表面、当心落物、当心吊物、当心车辆等。警告标志的几何图形是黑色的正三角形，黑色符号、黄色背景。

3）命令标志：用来表示必须遵守的命令，如必须戴安全帽、必须系安全带、必须穿防护鞋、必须戴防护眼镜、必须戴防护手套、必须穿工作服等。命令标志的几何图形是圆形，蓝色背景、白色图形符号。

任何一种操作规程，安全法规都是人们用血的教训总结出来、书写出来的，前车之鉴不可忘。作为即将踏上工作岗位的中职生更应时刻牢记这一桩桩、一件件血的教训，关注安全，关爱生命。

3. 导致企业生产安全事故的原因

导致企业生产安全事故产生的不安全因素"十字诀"，人为因素"十八条"全面地总结了导致安全事故的原因，应当牢记并在实际生产中坚决杜绝。让我们共同关注生产安全，关爱生命，远离鲜血，远离事故，远离危险。

1）导致企业生产安全事故产生的不安全因素"十字诀"：
- 生：业务生疏，管理混乱。
- 意：麻痹大意，主观臆断。
- 忘：思想走私，规章忘净。
- 蛮：一时兴起，蛮干瞎干。
- 习：习惯声音，执迷不悟。
- 粗：粗枝大叶，挂一漏万。
- 迷：迷糊打盹，玩忽职守。
- 慌：准备不足，心慌意乱。
- 懒：只图省事，偷工减料。
- 患：早有隐患，视而不见。

2）导致企业生产安全事故产生的人为因素"十八条"：

违章指挥；	违章作业；	缺乏安全知识；
安全意识差；	带病作业；	防护用品缺乏；
防护用品发放不及时；	防护用品不合格；	违反劳动纪律；
思想背包袱；	精神状态不正常；	同志间闹意见；
酒后工作；	节日假日前夕；	家遇婚丧大事；
体力不佳；	夜班休息不好；	过分激动。

冒险求新的后果

某配件厂折弯车间，两实习生王新、刘永正互相配合着完成原材料的折弯工作。忽然，王新突发奇想，提议竞赛，看谁能不用配合就能单独完成此项操作，输者请客。

王新首先开始操作，原材料一点点被送到机器中，他正在窃喜，忽然之间，被切割后的零件从机器中反弹出来，王新躲闪不及，右手中指指甲带肉被削去一半，血流如注，后被工友紧急送到医院急救。

事故原因分析：违规操作，没遵守操作环节；盲目蛮干，不考虑后果；麻痹大意，心存侥幸；缺乏谨慎的态度，冒险求新。

1. 将表 2-1 中生产安全标志代表的含义填在图片下面的空格处。

表 2-1 生产安全标志及含义

2. 在校内实习中，同学们经常不注意细节出现违规操作现象，请思考违规操作及后果，并将表 2-2 补充完整。

表 2-2 违规操作及后果

违 规 操 作 表 现	导 致 后 果
不认真听讲，接错电路	
通电期间，不按规程操作，用手或金属导体直接触摸电路或设备的带电体	
焊接电子电路时，使用电烙铁不够认真规范，直接接触电烙铁	
使用工具进行机械部件组装时，违章操作	
操作人员安装、维修时，其他实习生接通电源	

职业生活小贴士

操作者在工作过程中的"十忌"：
- 一忌盲目操作，不懂装懂；
- 三忌急速操作，忙中出错；
- 五忌只顾操作，不顾相关；
- 二忌马虎操作，粗心大意；
- 四忌忙乱操作，顾此失彼；
- 六忌心慈手软，扩大事端；

- 七忌程序不清，次序颠倒；
- 八忌单一操作，监护不力；
- 九忌有章不循，胡干蛮干；
- 十忌不分主次，轻重缓急。

任务二　演练灾后自救

了解社会公共安全的有关内容及预防措施，掌握安全自救常识。通过学习，自主进行灭火训练，增强公共安全意识。

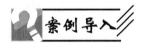

公共安全警示录

案例 1　某中职学生杨洋站在校门口准备过马路回家时，发现母亲站在路对面，杨洋就向马路对面跑去，被左边驶来的一辆吉普车撞倒，并从身上碾压过去，当场死亡。

案例 2　某区中学学生周婧，下午上学过程中，不注意左右来往车辆，突然跑过公路，被右边一辆拉砖的解放牌大货车左后轮挂拖出 10 多米远，左腿骨断裂，截肢后安装一个假肢，留下终生残疾。

↘ 想一想

上述两起交通事故教训惨痛，对生命的尊重和珍视是人类永远不变的追求。我们要对自己的安全负责，这也是对父母、社会和国家的未来负责。那么，如何增强防范意识，才能平平安安出行，安安全全回家？

一、行路安全

1. 行人交通事故产生的原因

行人过错，不可忽视

据统计，在一段时间内，某省市辖区道路共发生重大交通事故 55 起，死亡 57 人，其中涉及行人的重大交通事故有 20 起，死亡 21 人。涉及行人的重大交通事故发生率之高、死亡人数占重大交通事故死亡总人数的比例之大，为该市多年来所罕见。在上述 20 起重大交通事故中，行人负事故同等责任以上的有 15 起，负事故次要责任以下的有 5 起，由此可见，因行人自身全部或主要过错导致其惨遭不幸的交通事故，占到了上述事故的 75%。

是什么原因使得行人"铤而走险""奋不顾身"（图 2-3）呢？根据上述 20 起事故案例的评析，我们发现主要原因是行人交通安全意识淡薄，缺少交通安全常识，没有遵守交通法律法规中行人横过道路的有关规定，参与交通时随心所欲、贪图方便，不顾自己的生命安全，常常是在机动车临近时突然横穿或者中途折返，甚至与机动车奔跑抢行，令机动车驾驶员判断失误，猝不及防，而导致惨祸。

图 2-3　"奋不顾身"

2. 行人交通安全常识

（1）交通法规对行人的要求

1）必须遵守《道路交通管理条例》《高速公路交通管理办法》和各省、市、自治区制定的实施办法等交通管理法规和规章的规定。

2）必须遵守人、车辆各行其道的规定。借道通行时，应当让在其本道内行驶的车辆或行人优先通行。

3）必须遵守指挥信号灯、人行横道信号灯的规定，即"红灯停、绿灯行、黄灯闪烁多注意"。

4）必须遵守交通标志和交通标线的规定。

5）服从交通警察的指挥与管理。

6）不准在道路上扒车、追车、强行拦车、抛物击车，或在道路上躺卧、乘凉、聚众围观等。

7）不准迫使、纵容他人违反交通法规，同时对任何人违反交通法规都有劝阻和控告的权利。

（2）安全行走　行人是道路交通中的弱者，只有严格遵守交通法规规定，增强自我保护意识，才能保证自身安全。具体讲，行人在道路上行走必须走人行道，没有人行道的，必须靠路边行走，即在从道路边缘线算起 1 米内行走。不要穿越、倚坐人行道、车行道和铁路道口的护栏。遇到红灯或禁止通行的交通标志时，不要强行通过，应等绿灯放行后通行。行人在任何情况下，均不得进入高速公路行走。

二、出行安全

日常生活中，常用的出行方式之一是乘火车，"一路平安"是每位乘客及其亲友和铁路工作人员的共同心愿。为此，就需要每位乘客了解、遵守和执行铁路部门的各项安全规定，自觉约束自己的行为。同时，还应掌握一些万一遇到意外事故时的脱险措施。

（1）不携带"三品"上车　"三品"指的是易燃品、易爆品、危险品。按照铁路有关部门的解释，凡是具有燃烧、爆炸、腐蚀、毒害、放射线等性质，在运输过程中能引起人身伤亡、财产毁损的物品均属"三品"，也统称"危险品"。常见的有鞭炮、烟花、煤油、汽油、酒精、炸药、雷管等。

1980 年春节，某旅客违法携带发令纸上车，在搬动行李时摩擦起火，当场烧死旅客数十人，现场惨不忍睹。1982 年，在一列列车上，有人违法携带鞭炮上车，引发列车爆炸事故，造成人员和国家财产的重大损失。

（2）进出站台和上下车要严加注意　乘客进站上车时，应该按规定走检票口，通过天桥或地道，不可贪近而穿行铁道、钻车、跳车。在列车进站时，乘客和送行的人都应退离站台路面上的安全白线，更不要跳窗而入，应该先下后上，按顺序上车。

曾有一位乘客，上车时不按规定走检票口，而抄近道从站内停留车的车下钻，不料列车突然开动，结果丧生轮下，真可谓因小失大！

（3）防止意外伤害　在列车运行中，不要把手、脚、头部伸到车窗外，以免被车窗卡住。行李架上的物品要放牢，避免掉下来砸伤人。睡在中、上铺的乘客，要将车上的安全带挂好，防止睡觉时掉下来摔伤。

（4）确保财物安全　行李摆放要集中，件数不可过多，上、下车，进、出站，要特别防范。

（5）确保人身安全　火车是不法分子作案的主要场所，不要与不相识的人交友，否则易被骗被盗。在车上，也不要随便吃别人的食品，"防人之心不可无"自有其深刻的道理。

另外还应注意，千万不可扒乘货车，列车上不宜饮酒等。

三、网络安全

1．计算机病毒与黑客

所谓计算机病毒，是指编制或者在计算机程序中插入破坏计算机功能、毁坏数据、影响计算机使用并能自我复制的一组计算指令或者程序代码。

目前，全球有 18 万多种计算机病毒，病毒入侵系统的途径主要有电子邮件、互联网的下载文件、光盘和 U 盘。尤其是随着网络技术的广泛应用，通过电子邮件传播病毒已经取代U 盘而成为病毒传播的主要途径。

在互联网上对安全构成威胁的不仅仅是病毒，还有著名的"黑客"，这些黑客通常是那些有计算机天才的青年。他们整天待在计算机前试图非法进入某些计算机系统，采用各种手段获得进入计算机系统的口令以闯入系统，或者什么都不做就离开，或者翻阅感兴趣的资料，进而丰富自己的收藏，更有甚者可能会攻击系统，使系统部分或者全部崩溃。

网络安全引起的事件多种多样，如从用户（个人、企业等）的角度来说，个人隐私或商业利益的信息在网络上传输时受到侵犯，其他人或竞争对手利用窃听、冒充、篡改、抵赖等手段侵犯用户的利益和隐私，破坏信息的机密性、完整性和真实性。从网络运行和管理者角度说，安全事件是对本地网络信息的访问、读写等操作，出现"陷门"、病毒、非法存取、拒绝服务和网络资源非法占用以及非法控制等威胁，或遭受网络黑客的攻击。对保密部门来说，则是国家机要信息泄露，对社会产生危害，对国家造成巨大损失。从社会教育和意识形态角度来讲，被利用在网络上传播不健康的内容，对社会稳定和人类发展造成阻碍等都是安全事件。

2. 青年学生网络安全注意事项

1）应遵守网络道德规范，养成良好的上网习惯。不要沉浸于网上聊天、游戏等虚拟世界，不浏览、制作、转播不健康的信息，不使用侮辱、谩骂语言聊天，不轻易和不曾相识的网友约会，尽量看一些对自己的日常学习生活有益的内容。

2）一定要注意保持自制力。大家要在感性与理性认识相结合中学会五个拒绝：拒绝不健康心理的形成；拒绝网络侵害；拒绝不良癖好、不良行为；拒绝黄、暴力的毒害；拒绝进入未成年人不应该进入的网吧。

3）没有经过父母同意，不要轻易把自己及家庭中的真实信息在网上告诉别人。

4）如果要与网友见面，必须在父母的同意和护送下，或与可信任的同学、朋友，最好是与自己的长辈结伴而行。

5）时常进同一个网络聊天室。在网络聊天室中，如果发现有人发表不正确的言论，应立刻离开，自己也不要散布不正确的言论，或攻击别人。

6）不要在网络上散布对别人有攻击性的话语，也不能传播或转发他人那些违反学生行为规范甚至触犯法律的内容，网上网下都要做守法的公民。

7）尽可能不要在网上论坛、网上广告栏、聊天室上公开你的 E-mail 邮箱地址。如果你有多个 E-mail 邮箱，尽可能设置不同的密码。

8）保护好自己的账号和密码。

作为一个系统要对建立"公用账号"特别谨慎，以免使黑客有可乘之机。另外，不要使用容易被猜出的密码，如自己的姓名、生日等；尽量不要使用字典上的词；不要向他人泄露自己的密码；不要把密码记到容易看见的地方。

9）要保护好个人资料。

在网上登录、发信息、浏览、聊天时一定要保护好自己的个人资料，家中的电话、姓名、就读学校等不必公布的就不要公布。因为现在有一些不负责任的网站会不经同意就把用户的资料泄露出去，那就会给别有用心之人以可乘之机。

"真诚"的代价

某中学学生王某，家在外地。课余时间上网时，总认为只要自己真诚就一定会交到真正的朋友，在他的个人资料里记载了自己真实的姓名、学校、家庭地址和电话。他觉得自己是个真诚的人。有一天，他的父母突然来看他，还问他："你不是住院了吗？"原来是有人给他家里打电话，说他出车祸了，让家里赶紧往医院的账号里汇钱，否则命就保不住了。于是家里赶紧汇钱并来看望他，却发现上当了。

由此看出，我们要特别注意网络安全。现在网上犯罪已不是什么新鲜事。由于互联网是一个"谁也看不见谁"的大舞台，一些隐蔽的罪犯也许就在你身边，稍有不慎就可能受到伤害。

3. 工作岗位网络安全注意事项

1）要注意做好物理保护，注意防火，要将电线和网线放在比较隐蔽的地方，要"防虫防鼠"。

2）安装正版防病毒软件并及时更新，最好能做到每星期更新一次。

3）不要打开来历不明的电子邮件或附件，最佳的处理办法是将整个邮件删除。

4）安装防火墙以保护计算机免受黑客入侵；定期进行安全更新和下载安装补丁。

5）使用难以推测的密码，但不要在多处使用同一密码。

6）在无须上网时断开连接。

7）不定期为计算机数据备份资料，并储存在外置磁盘或网络中的另一台计算机里。

8）定期检查安全系统，建议每年对计算机安全系统至少进行两次评估。

9）向使用同一台计算机的人介绍以上提示，否则以上的全部努力都可能付诸东流。

四、公共食宿安全

1. 饮食安全

据分析，食物中毒已成为当前影响社会公共安全的一大危害，其发病快、发病人数多、涉及面广，严重影响人们的身心健康。

现实生活中应加强以下措施预防：

1）严禁将有害化学物与食品一处放置。鼠药、农药等有毒化学物要标签明显，存放在专门场所并上锁。

2）不随便食用来源不明的食品。

3）蔬菜加工时，用食品洗涤剂（洗洁精）溶液浸泡 30 分钟再冲净，烹调前再经烫泡 1 分钟，可有效去除蔬菜表面上的大部分农药。

4）水果宜洗净后削皮食用。

2. 住宿安全

住宿安全也是需要正确面对和解决的社会公共安全的一大问题，具体分为防火和防盗两类：

（1）防火招数

1）不要因好奇而玩火。

2）离开前及时关掉屋内电器。

3）一旦发生火灾，立即打"119"火警电话并告之详细地址。如果没有电话，就高喊："着火啦！"同时迅速逃离火场，并求助他人帮助救火。

4）应熟悉周围环境，熟悉疏散通道；到陌生环境中，应首先了解安全门的位置和疏散通道。

5）万一陷入火场，逃离火场时要注意：衣服着火，不可以乱跑，可用双手捂住脸，在地上打滚，压灭火再逃；逃离时，如果烟雾大，可爬向门口，因为靠近地面的空气不会使你窒息。

6）宿舍里发生火灾时，一定要按顺序下楼，千万不能恐慌、拥挤。

7）不要再回室内抢救火海中的心爱物品。

（2）防盗招数

1）离开房间时，哪怕是很短的时间，都必须锁好门，关好窗，千万不要怕麻烦。一定要养成随手关灯、门、窗的习惯，以防盗贼乘隙而入。

2）发现形迹可疑的人应加强警惕，多加注意。遇到不明身份的可疑人员，应主动询问，如发现来人可能携有作案工具或赃物等证据时，迅速报告值勤人员。

3）注意保管好自己的各种钥匙，不能随便借给他人或乱丢乱放，以防"不速之客"复制或伺机行窃。如钥匙丢失，应及时更换新锁。

4）贵重物品应当妥善保管，最好不要带到学校。更不能随便放在水房等公共场所，以防被顺手牵羊、乘虚而入者盗走。

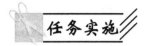

组织灭火训练。灭火训练的步骤如下：

1）讲授灭火器具的功能和使用方法。

2）练习发生火灾后，手拿灭火器快速到达现场（可随机指定任何地点，计时判定反应速度）。

3）练习使用灭火器。有许多人怕碰灭火器，通过动手操作消除胆怯心理，增强操作感觉。

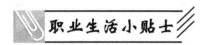

穿着救生衣常识：

在穿救生衣时，要看清它的前面和后面，区别救生衣前后的方法很简单，衣前部分的填充物泡沫要比衣后部分的大得多。因为这种设计是科学的，如果救生衣穿戴正确，在海浪中即使昏迷过去，救生衣仍然能保持使人的面部朝上并呈一定的角度，而不会呛水。标准的救生衣都配有救生哨，吹起急促的口哨表示需要紧急救助。

思考与练习

1．如何防火、防盗？

2．在企业实习时，应如何注意生产安全？

3．讨论在实际生活中我们应如何加强网络安全？

项目三　企业岗位认知

项目引言

作为即将步入企业工作岗位的职业学校学生，应该明白工作表现的好坏，在于工作任务完成的状况。因此，要想有好的成绩，要想赢得领导的重视，首先要对即将从事的岗位职责内容有充分的了解，并了解完成职责应具备的才能和任职资格，从而按照这个要求具有针对性地培养自己的才能。

项目目标

1. 认清岗位职责。
2. 树立岗位意识，争做优秀员工。
3. 做一个受企业欢迎的员工。

任务一　认清岗位职责

了解认清岗位职责的重要性，掌握岗位技能包括的内容。

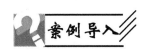

工作职责不清引发的纠纷

机床操作工小王把大量的液体洒在机床周围的地板上，车间主任叫小王把洒在地上的液体清扫干净，小王拒绝执行，理由是岗位责任说明书里面并没有包括清扫的条文。车间主任找来服务工小吴来做清扫工作，服务工以同样的理由拒绝。勤杂工小黄勉强同意，但干完之后即向公司投诉。

有关人员接到投诉后，审阅了这三类人员的岗位责任说明书，但说明书规定：操作工有责任保持机床的清洁，使之处于可操作的状态，但并没有提及清扫地板；服务工有责任以各种方式协助操作工，如领取原料和工具，随叫随到，即时服务，但也没有包括清扫地板；勤杂工的岗位责任说明书中确实包含了各种形式的清扫，但是他的工作时间是从工人正常下班后开始的。

➥ **想一想**

此案例中谁的做法应该给予肯定呢？

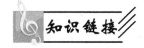

一、认清自己的职责，了解企业

新员工在进入公司后，首先要弄清楚的是自己的业务范围和职责。职责就是分配给每一个人的职务且规定了在这个岗位上要你干什么工作，怎样干这份工作，以及达到怎样的标准。有些公司有明确的职务表，详细地规定职务的内容，有些公司可能没有这样一份职务表，而由上司口头传达。在主管领导为你做介绍时，你最好能逐项记下工作项目，了解工作的性质、特点，以便自身能清楚地把握。但是怎样干这份工作则是你自己应该多花心思考虑的，如这份工作是需要自己独立完成，还是需要通过与别人合作来完成？如果需要你独立完成，你就需要全面地思考这份工作应当怎样去做，并且在今后的工作中不断地补充和修正自己的想法；如果这份工作需要合作完成，则除了上述内容外还应该弄清楚合作对象、工作的具体流程、谁主要负责这项工作等。

同时，还要了解公司内部的组织。例如，被分到哪个部门、负责哪些工作，以及主管是谁等，除此之外，你还要了解公司的其他方面的情况，例如企业文化。

企业文化是一个公司长期以来形成的不可言传而靠行为来体现的思想、观念、态度和流程，甚至还有穿着打扮的方式。为了能够融入公司，你必须学会观察，并且要"不耻下问"，因为每个公司几乎都有一套成文和不成文的、或多或少的关于言行举止、商务来往等的习惯做法或规矩。

如果你在员工手册上已经看到公司成文的规章制度，那么现在需要领会三件事：哪些规章制度正被严格地遵守着？哪些不是？公司里不成文的规章制度又是什么？如果你不在意的话，这些会使你在今后的工作中"碰钉子"，并且永远不会意识到是你在犯错误。

二、掌握岗位技能

现场技工在上岗前要了解岗位知识，掌握岗位所需的工作技能，只有在岗位技能培训合格以后，才能正式上岗。

1. 岗位知识

（1）职位说明与工作规范　可通过阅读企业制订的岗位职责说明书了解自己所需的岗位知识要求。

岗位职责说明书就是对岗位进行文字性的界定和说明，它具有明确工作职责与权限、工作目标、工作特点、任职人员资格等作用，帮助任职人员了解其岗位情况、工作内容，明确其责任范围，并能为工作评价、人员招聘、绩效管理、培训与开发、薪酬管理等提供依据。

通常，一份完整的岗位职责说明书包括：岗位基本信息、岗位职责概述、岗位具体工作内容、岗位考核标准、岗位权限、岗位任职资格和可晋升岗位。

给自己制订一份岗位说明书

曾在某外企担任高级人事经理多年的小王，感触最深的就是："很多人日复一日，朝九晚五，可是根本不清楚究竟该干些什么？不止一个人在挨了上司批评后委屈地说，从来都没有人告诉我，这件事是我的职责！"她认为，可以根据自己的岗位职责和要求制订一份适合自己的岗位说明书，至少可以发挥以下三个方面的作用：

第一，岗位说明书列出了上级指派的职责范围，在刚上岗实习的时候，询问岗位制度和职责，给自己的实习明确工作项目和属性。

第二，将岗位所需要的能力囊括进去，并不断修正，自我对照，掌握自己在这些方面发展得如何，哪些能力还需要进一步提高。

第三，将上下级关系列清楚：谁向你汇报，你又向谁汇报？

根据工作的进度不断调整和丰富说明书的内容，在工作之余可以进行学习和补充，不断完善自己，做好工作。

（2）岗位必备　岗位必备是指员工应掌握的具体工作中的同事间的联络方式、上司的管理风格、必要的保密要求、公司中的一些"行话"等。

2. 岗位能力

岗位能力是指新员工所在岗位所需的基本素质、岗位工作标准及操作要求、产品判定、与前后工序的关系、对他人的影响等。下面介绍四大类岗位的基本能力要求：

1）技术类岗位。处于技术类岗位的员工主要是做事，因此需要一丝不苟的工作态度、精益求精、追求完美的精神，善于创新的活跃思维，以及高超的技术水平和动手能力。

2）服务类岗位。在服务类岗位上的员工既需要做事又需要待人，因此除了本岗位必备的技能外，还需要具有耐心、细致、做事到位等基本素养，具备良好的沟通技巧。

3）管理岗位。在管理岗位上的员工除了应具备基本的管理技巧外，还需要具备大局观和全局意识，同时在为人处世时，还需正直公平、善于沟通。

4）销售类岗位。此类岗位对人才要求更全面，除了具有销售技能，还应该熟知产品知识、商务礼仪、合同知识、市场知识。此外，沟通技巧、服务意识、急客户之所急的换位思考的观念、洞察力、决断力，以及顽强的毅力更是优秀的营销人员所必不可少的重要素质。

勤奋练习专业技能

小魏是某中等职业学校计算机专业的学生，一次偶然的机会他看到"速录师就业前景看好"的报道，便专心致志地加强自己的文字录入练习（图 3-1），每天坚持文本输入两个小时。他的五笔录入速度不断加快，由最初的每分钟十几个字增加到几十个字，然后不断攀升，达到了每分钟 100 个字。后来他报名参加了专门的速录师培训班的学习，达到了每分钟录入 240 个字的速度。

后来他被一家速录公司以底薪 1500 元，外加每场速录收入提成 20%的高薪聘用，让其他同学钦羡不已。当学弟学妹们询问其成功秘诀时，小魏平静地答道："只要你能坚持反复练习，你就能成功。"

图 3-1　小魏苦练基本功

3. 岗位前后工序的关系

每个人的工作都是企业组织体系中的一环，员工自身成绩的大小，还取决于前道工序和后道工序的关联和配合，同时也取决于前道工序和后道工序对自身的满意程度。如果每个生产工序只考虑自己，不考虑下一道工序需要什么、什么时候需要和需要多少，那么一定会多生产或少生产，不是提前生产就是滞后生产，甚至生产出次品或废品，这种浪费必然降低生产率和效益。因此，中职毕业生若能从前道工序和后道工序的更广的角度来衡量自身的职责，将更能把握好履行职责的重点。

未按工序施工，导致装修质量不合格

老王和老伴用终身积蓄在某市买了一套两室一厅的房子，老两口选择了某装修公司以包工、包料的方式进行装修。装潢公司的马老板热情豪爽，施工队长小李勤奋肯干，装修工程不到两个月便竣工了。然而，入住不到两个月，老王发现卫生间和厨房的墙砖纷纷脱落、破裂，不少墙砖出现空鼓现象。老两口找到装潢公司的马老板，谁知马老板一反常态，认为工程质量绝对没问题。无奈，老王只得来到装饰装修争议仲裁中心请求帮助。

原来，按照施工工序的要求，瓷砖在铺设之前是一定先要在水里浸泡过的。但该公司在施工时没有将瓷砖在水中浸泡，致使瓷砖吸收砂浆中的水分过快，使砂浆早期脱水，影响了粘结强度，最终致使瓷砖脱落、出现空鼓。经仲裁中心仲裁，装潢公司对保修期内由于装潢公司的原因出现的质量问题应无偿承担保修责任，保修所需的材料费与人工费也均应由装潢公司承担。

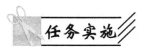

任务实施

结合自己所学的专业，假设自己是一名车工、钳工、电工、营销员、文秘员等，通过调

查和收集资料，填写表 3-1 的岗位职责表。

表 3-1　岗位职责表

职位名称	
主要工作职责	（列举出该职位最重要的几项工作职责）
任职资格	（本岗位员工应具备的专业知识和技能）
撰写人	

 职业生活小贴士

如果你能在工作中充分考虑到前道工序（前手）和后道工序（后手），将赢得极高的评价。

任务二　运用积极的岗位意识于实践

 **任务目标**

树立五种岗位意识，争做企业优秀员工。通过学习，回答任务实施中情景现场的相关问题。

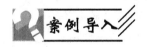 **案例导入**

不遵守操作规则酿大祸

现年 37 岁的王成华系某混凝土公司的职员。2007 年 6 月 22 日，混凝土公司根据与某建工集团签订的预拌混凝土购销合同，安排混凝土泵车操作工梁小平和被告人王成华在位于上海市嘉定区新成路街道的某在建小区工地现场轮流进行作业。当日午间 12 时 30 分许，因混凝土输送管发生堵塞，梁小平要求该工地负责浇铸混凝土的李青等人拆开管道中间一节进行疏通。在拆管道疏通期间，被告人王成华在操作人员未离开管道周围的情况下，起动混凝土输送泵，尚未完全拆下的管道因气压冲击弹起后击中被害人李青头部，造成被害人李青因钝性外力作用于头部致颅脑损伤。经调查，被告人王成华缺乏安全知识，违反《建筑机械使用安全技术规范》的有关规定，在人员未离开管道周围的情况下，贸然起动混凝土输送泵，是导致该起事故的主要原因。

↘ **想一想**

　　1. 导致该起事故的主要原因是什么？

　　2. 该案例给我们的启示是什么？

一、质量意识

　　为了吸引顾客、满足顾客、维护企业的名誉，身为企业的一分子，员工必须关心自己公司的产品，在质量保证方面，严加留意，一切依照设计图样、作业标准来生产产品，并在质量提高方面集中精力，寻求改善。如果不这样去做，生产出来的产品势必会出现许多不良品，这些不良品对企业的影响，轻则增加生产成本，重则影响工程进度或使工程停顿。

> **请 君 跳 伞**
>
> 　　这是一个发生在第二次世界大战中期，美国空军和降落伞制造商之间的真实故事。在当时，降落伞的安全性能不够完善。经过厂商努力改善，降落伞的良品率已经达到了 99.9%，应该说这个产品的良品率即使现在许多企业也很难达到，但是美国空军却对此公司说"No"，他们要求降落伞的良品率必须达到 100%。于是降落伞制造商的总经理便专程去飞行大队商讨此事，看是否能够降低这个水准，因为厂商认为，良品率能够达到 99.9% 已接近完美了，没有必要再改进了。当然美国空军一口回绝，因为降落伞的品质不允许有一丝折扣。
>
> 　　后来，军方要求改变检查品质的方法，那就是从厂商前一周交货的降落伞中，随机挑出一个，让厂商负责人装备上身后，亲自从飞行中的飞机上跳下（图 3-2）。这个方法实施后，降落伞的不良率立刻变成了零。

图 3-2　请君跳伞

企业员工在增强质量意识的过程中要注意培养以下两种意识：

（1）自检意识　产品质量是制造出来的，而不是检验出来的。对于产品，只有生产者自己认为是合格品，才可以流向下道工序或车间。在自检中发现的不合格品，要做好标识并分开放置。

（2）互检意识　对于上道工序或车间的产品，员工要进行检验，确认合格后，才可以进行本工序的生产。对查出的全面工序或车间造成的质量问题，要及时反馈。员工要坚决做到不制造不良品，不接收不良品，不传递不良品，这样，生产出来的产品不但都能合乎要求，更能降低生产成本，增强企业对外的竞争能力。

二、成本意识

中国有句老话"不当家不知柴米贵"，这句话告诉我们，要"量入为出""开源节流"，具备"成本"观念，养成节俭的良好习惯，对于企业更是如此。

制造低成本产品的第一步，是严格遵守生产时间，如果生产时间不能遵守，不但不能如期交货，更会因为毁约而被要求赔偿，赔偿金也是成本之一，如果再加上因生产时间的延长所带来的薪资增加（如加班费等），这些足以使生产成本大量提高。

当然，影响生产成本的，不只限于生产时间，材料费、加工费、各种经营费等都包含在生产成本之内。另外一点，要积极地在生产过程中，考虑如何才能降低生产成本，这种积极的精神，也是真正做好成本管理的最重要条件。

"一滴智慧"造就石油大王

有一名青年，在美国某石油公司工作，他的学历不高，也没有技术，他在公司的工作连小孩也能胜任，就是巡视并确认石油罐盖有没有自动焊接好。

石油罐在输送带上移动至旋转台时，焊接剂便自动滴落下来，沿着盖子回转一圈，作业就算结束。这名青年每天如此，反复好几百次地注视这种作业。

没几天，他便开始对这项工作厌烦了，他很想改行，但一时又没有更好的工作，更何况工作并不好找。他想，要使这项工作有所突破，就必须自己找些事做。因此，他更加专注于这项工作，并在工作时更加仔细地观察石油罐盖焊接工作。

他发现罐子旋转一次，焊接剂滴落 39 滴，焊接工作就结束了。他努力思考：在这一连串的工作中，有没有什么可以改善的地方？

一次，他突然想，如果能将焊接剂减少一两滴，是不是能节省成本？

于是，他经过一番研究，终于研究出"37 滴型"焊接机。但利用这种机器焊接出来的石油罐偶尔会漏油，不实用。他没有灰心，又研制出"38 滴型"焊接机。这个发明非常完美，公司对它的评价很高，不久便生产出这种机器，改用新的焊接方式。

虽然节省的只是一滴焊接剂，但这"一滴"却使公司每年可节约一笔十分可观的支出。

这名青年就是后来掌握全美制油业 95% 实权的石油大王——洛克菲勒。

三、遵守规则的意识

一个企业，有着各式各样的规定和守则，如纪律规定、作业规定、安全卫生规则等，同时，每件工作都有着各式各样的处理方法，其中最重要的，就是要求员工遵守操作规范，这样才能保证生产安全、有序地进行。否则，员工的受伤，材料、零件的浪费，机器、工具的破损，就会相继发生，甚至产品的品质不佳、无法如期交货、员工精神疲惫等不良结果，都会因而发生，进而大大增加产品的生产成本，降低生产安全系数。

违规操作颚式破碎机

某冶炼厂给料系统由一台带输送机送料，经过颚式破碎机（图 3-3）破碎后进入下一工序。某日夜班（零点至早上八点），职工王某在此岗位负责操作，由于当班所破碎的原料大块的较多，破碎机难于吃进，遇到大块的矿石必须停机将矿石取出，人工用大锤先将其砸成小块。按正常给料时的操作，要完成当班生产任务要五个多小时，而此时距离下班时间还有两小时的时候才完成当班工作任务的 60% 左右。凌晨六时左右，一块大料进入破碎机，王某看到破碎机只是在不停空转，矿石没有下去，便将带输送机停下，径直走到破碎机进料口，左脚踩在操作台边缘，右脚使劲往破碎机进料口踩矿石。石块终于被挤压进去，但由于王某用力过猛，右脚也进入了破碎机，脚踝以下全部夹碎。

王某为了尽快完成当班生产任务，急于求成，违章操作。按照该厂破碎机操作规程规定，破碎机被料卡住时，必须停机处理。而王某未采取停机处理措施，而是用脚踩大块矿石，从而导致此次事故发生。

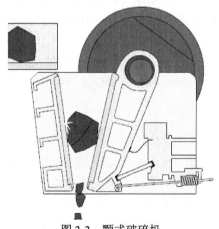

图 3-3　颚式破碎机

四、协力合作的观念

审视当代企业的荣辱兴衰，我们不难发现：一千个不成功的企业可能有一千个不成功的理由，但是一千个成功的企业必然会有一个重要的成功因素，那就是上下同力、精诚合作的团队精神。

1. 对上级的协助

（1）积极地辅佐上级　一个只知道依上级指示做事的员工，并不是一位最好的员工，如果能在工作上更积极地对上级的意图加以理解，对全盘作业加以思考，并能加上其他的参考资料来积极辅佐上级，才可说是一位理想的从业人员。

（2）清晰地回答上级的询问　对于上级的询问要以"清晰、快速、正确"三要点为基准来回答，这是积极、负责态度的最基本表现之一。

（3）适时、适度地向上级报告　对于上级的指示或要求，在事情进行到一个阶段时，就须向上级做一次简单的报告，报告的内容以事情进展的现状、经过、预测、自己的打算为主。如果事情在进展中发生与预期不同的情形或有失败的情形发生时，应立即向上级报告。

（4）对于上级的指责应坦率地接受　一般来说，上级的经验丰富，视野较广，对事情的判断能力强，因而在上级对自己的工作有所指责时，应先坦率地接受，并对自己的处理情形做彻底的反省。如果自己确实没有错，也应在事后找一个机会以和善的态度来对上级说明，这是维护企业秩序、遵守企业指挥系统的基本行为。

2. 与同事之间的协助

（1）互相正确地理解对方的职务　对对方的职责有正确的了解，才能在工作上得到有效的协助。如果在没了解对方职责之前就谈协助问题，不但不能提供有效的帮助，更有帮倒忙的可能。

（2）积极地相互联络　正确了解对方的职责，并不代表就能完全掌握对方的工作，平时也应积极保持联络，相互提供最新与必要的情报，如此才能在面临抉择时，做出最正确的决定。

（3）自己的责任自己担　虽然同事之间的相互协助是促进作业顺利进行的条件，但如果只以相互协助为借口，自己不努力工作，结果只会给自己的同事制造困扰，这是最要不得的。自己的工作自己做，自己的责任自己担，在满足了上述条件之后，再来谈如何与同事共同合作。

（4）经常与同事保持良好的人际关系　人与人之间的交往，最重要的是要相互尊重，千万不要对他人的专长心怀嫉妒，或轻视他人。同时，在人际交往中不妨加一点幽默，这是保持良好人际关系的最佳润滑剂。

注重流程，产生协同效应

一次，两个著名企业的运动队进行攀岩比赛。甲队重点强调的是齐心协力，注意安全，共同完成任务。乙队在一旁，没有做太多的士气鼓动工作，而是一直在合计着什么。比赛开始了，甲队在全过程中几处碰到险情，尽管大家齐心协力，排除险情，完成了任务，但因时间较长最后输给了乙队。那么乙队在比赛前合计着什么呢？原来他们把队员个人的优势和劣势进行了精心的组合：第一个出场的是动作机灵的小个子队员，第二个出场的是一位高个子队员，女士和身体庞大的队员放在中间，殿后的当然是具有独立攀岩实力的队员。于是，他们几乎没有遇到险情，迅速完成了任务。

五、主人翁意识

微软创始人比尔·盖茨不止一次地强调：我们常常讲的主人翁精神，是一个员工所具有的天然禀赋，具有这种精神的人，他的个人利益和公司利益是一致的。

作为公司的一个员工，需要把自己的位置摆正，充分发挥主人翁精神，在工作中积极思考，灵活应变，具有"企兴我荣，企衰我耻"的意识。

责任胜于能力

乔治是主管过磅称重的小职员，到这家钢铁公司工作还不到一个月，就发现很多的矿石并没有完全充分冶炼，一些矿石中还残留没有被冶炼好的铁。如果这样下去的话，公司不是会有很大的损失？

于是，他找到了负责这项工作的工人，跟他说了问题，这位工人说："如果技术有了问题，工程师一定会跟我说，现在还没有哪一位工程师跟我说这个问题，说明现在没有问题。"

乔治又找到了负责技术的工程师，工程师很自信地说："我们的技术是世界一流的，怎么可能会有这样的问题？"显然，工程师并没有把他说的看成一个很大的问题。

但是乔治认为这是个很大的问题，于是拿着没有冶炼好的矿石找到了公司负责技术的总工程师，他说："先生，我认为这是一块没有冶炼好的矿石，你认为呢？"

总工程师看了一眼，说："没错，年轻人，你说得对。哪里来的矿石？"

乔治说："我们公司的。"

"怎么会，我们公司的技术是一流的，怎么可能会有这样的问题？"总工程师很诧异。

"工程师也这么说，但事实确实如此。"乔治坚持道。

"看来是出问题了。怎么没有人向我反映？"总工程师有些发火了。

总工程师召集负责技术的工程师来到车间，果然发现了一些冶炼并不充分的矿石。经过检查发现，原来是监测机器的某个零部件出现了问题，才导致了冶炼的不充分。

公司的总经理知道了这件事后，不但奖励了乔治，而且还晋升乔治为负责技术监督的工程师。总经理不无感慨地说："我们公司并不缺少工程师，但缺少的是负责任的工程师，这么多工程师就没有一个人发现问题，并且有人提出了问题，他们还不以为然，对于一个企业来讲，人才是重要的，但是更重要的是真正有主人翁精神的人才。"

乔治能获得工作之后的第一步成功，就是来自于他具有的主人翁精神，处处为公司的利益着想，源于一种责任感。

以主人翁的心态去对待公司，处处为公司着想，把公司视为己有并尽职尽责的人，终将赢得成功的奖赏。

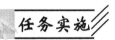

任务实施

阅读表 3-2 所列的资料，回答问题。

表 3-2　机械加工情景现场

情景现场	地点：机械加工车间	
	岗位：卧式车床	
	工作内容：传动轴加工	
	数量：50 件	
	完成内容	初加工成形
		热处理后半精加工
	注意：留精加工余量	

（续）

	如何保证该加工产品的质量？	
回答问题	如何降低产品成本？	
	如何保证加工过程的安全？	
	怎样与同事合作？	

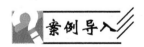

职业生活小贴士

优秀员工必备的特质：具有主人翁意识，视工作为事业，事事为企业着想，自觉为企业的发展贡献自己的全部智慧和力量。

任务三　选择适合自己的企业

任务目标

了解大企业与中小企业的优势和劣势，掌握在选择企业前应注意的问题，学会在新单位立足的技巧，从而成为受企业欢迎的员工。通过学习，完成本节任务实施中"换位思考训练"的内容。

案例导入

选择适合自己的企业

婷婷和玲玲是同一届的中职毕业生，也是很要好的同班同学。学习文秘专业的她们，在毕业后选择单位上却有很大的差异。婷婷性格内向，却一直盼望着能进入规模大一点、气派一些的公司做行政工作，觉得向亲朋好友说起来的时候比较有面子。通过各种关系，婷婷如愿进入了一家大规模的国有企业，虽然只是前台的咨询服务，但是当看到父母在向别人提及女儿时的自豪感，也就心满意足了。玲玲性格较外向，大局观也好。她并没有一味追求有名的公司，而是根据自身的特点和专业，选择了规模不大但在行业内有着很好前景的民营企业。两年后，当昔日的好姐妹再次相聚的时候，婷婷因为整日机械式的工作，没有任何发展空间而在三个月前就提交了辞职报告，现在正在身心疲惫地为今后工作的着落而奔波。玲玲则很快被提拔为公司的中层管理干部，虽然出身于秘书专业，但是由于自身的勤学好问，加上公司业务的不断扩展，她还兼顾财务、管理方面的工作，随着经验的丰富，对企业的文化有了更深的认识。公司的蒸蒸日上，也使得成绩显著的玲玲又被提升为副总经理。现在她所在的公司正在和加拿大的一家公司进行着贸易洽谈，有望迅速得到一笔金额上百万元的订单。

↘ 想一想

好的东西是否一定适合自己？为什么？

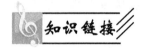

一、大企业与中小企业比较分析

大多数准备进入企业的中职生，对于选择进入大企业还是中小企业一直存在矛盾心理，究其原因，在于没有弄清楚大企业与中小企业的优势和劣势。

让我们先来看一下大企业与中小企业本身的优势。

大企业的优势：

较强的竞争力，雄厚的资本持有，丰厚的人才储备，深厚的企业文化，较强的抗风险性，众多的产品品种，较高的产品市场占有率，相对优越的办公环境，优厚的福利待遇，完备的规章制度，完善的培训体系，明确的晋升通道，强大的品牌形象，较高的信誉度等。

中小企业的优势：

经营上灵活，船小好调头，管理成本小，市场适应性强，较强的效率观念和责任感，企业管理者的综合能力较强，企业的用人机制和经营方式较为灵活，企业管理者对员工的了解程度较高，能及时有效地调动员工的积极性和创造性。

让我们再来看一下大企业与中小企业本身的劣势。

大企业的劣势：

目前我国的大企业，诸如电力、交通、能源、金融等领域的企业，在管理体制、经营方式上仍有很多的计划经济时代的色彩。

中小企业的劣势：

1）规模小、实力弱，难以同大企业抗衡，在与大企业的竞争中往往处于劣势。

2）企业管理水平相对落后，硬件设施以及软件，诸如企业文化、企业管理理念和手段等也落后于大型企业。

3）家族式管理和任人唯亲现象存在。

4）企业的人才流失率高。

5）企业的发展往往缺乏长远、科学的规划，容易造成企业业务频繁更换的情况，对于市场和技术的变化风险抵抗力差，不利于企业的长期、持续性发展。

大企业与中小企业之间的优劣关系，并不是绝对的。大企业在经济活动中也不是无所不能的。中小企业只要努力找准市场切入点，不断提升管理水平，同样能够进一步成长，在市场活动中占据有利的位置。

二、去大企业还是去中小企业

选择进入大企业还是中小企业对于中职毕业生来说是一个非常现实的问题。大企业有非常光鲜的地方，能给予职场新人的东西是：高待遇、高福利、优越的工作环境等，这些诱惑是很难抗拒的。中小企业虽然存在很多优势，但它给予职场新人更多的是朝不保夕的不安定感、强烈的危机感和由此带来的恐惧和紧张。然而事实却是，我国 90%以上的企业属于中小企业。

因此，在选择企业之前，一定要注意以下几个问题：

1. 个人与企业相互适合

选择企业的时候，不要只看企业适合不适合自己，甚至只看企业能为自己提供什么，重要的是看自己是否适合这个企业，是否适合企业的文化、企业的环境，还有你的兴趣、特长是否与提供给你的岗位相适应。兴趣是职业发展的持续推动力，如果让自己从事一样自己根本就不适合、甚至不喜欢的工作，那将会是一件很痛苦的事情，即使能勉强胜任，你也是不快乐的，最终的结果是导致员工和企业双方利益受损。

适合的才是最好的

小张和小王职校毕业后，一起到一家非常有名的广告公司应聘，可最终却因资历浅而落聘。后来，他们只好进了一家毫不起眼的小广告公司。

他们上班以后，都惊喜地发现这家公司虽然很小，但工作环境却很好，同事关系很融洽。公司的同事都非常热情，如果在工作中遇到什么事，同事们都会尽心尽力地帮忙。老板待人也很和气，对于下属的广告设计从不多加指责，如果有不同意见和建议，他总是非常委婉地提出来，然后一同商量解决。在这样一个轻松、自由、和谐的环境中工作，小张和小王如鱼得水，游刃有余，短短一年的时间里，他们的才华便渐渐地显露出来，不少的创意和设计都得到了业内人士的肯定。

俗话说"人怕出名"，自从两人在广告公司有了些名声之后，便有一些大公司争着挖他们，当初没有录用他们的那家公司也在其中，而且开出的条件更为优厚。后来小王为高薪心动了，于是便跳槽到了那家大公司。而小张却不为所动，仍留在那家小公司，他始终觉得这里最适合自己。

小王到了那家大公司后，很长一段时间都感到不适应，这里的同事都是经过严格挑选的精英，既有资历又有经验，所以一个个都心高气傲，很难相处。而他的上司是一个既严肃又非常挑剔的人。每当小王的工作出现失误时，他总是当众指责，完全不顾及小王的面子。如果小王提出不同的见解，他便会不耐烦地说："是我说了算，还是你说了算？"弄得小王十分尴尬。处在这样一个环境中的小王很大一部分精力都用来琢磨与上司以及同事的关系上，相对而言投入到工作中的精力就少了很多，所以他的工作并没有什么起色。而这时仍一心一意在那家小公司工作的小张，却出人意料地取得了骄人的成绩。他有几个广告设计在全国获得了大奖，他还得到了老板的重用，被提拔为公司的副经理。

2. 个人发展空间

关注自己职位的发展阶梯，即公司是否为该岗位员工的职业发展安排了系列培训，帮助你弥补致命的职业缺陷，能否有比较好的展示自己、表达成熟思想的机会，甚至是否有机会接触到领导层，从而学习到他们是如何运筹帷幄、策略性、技巧性地处理事情的，这一点至关重要。与其看薪水高低，倒不如考虑与个人发展密切相关的职业培训等，为自己的职业发展创造广阔的发展平台，薪酬可随市场波动，而培训则终身受益。

微软公司对员工的职业支持

微软公司针对不同岗位员工的工作性质，和每个人不同的成长需要，采取一对一的方式来具体规划员工的职业发展道路。每年，员工都有两次机会向公司提出自己未来半年中的职业发展方向，以及需要什么帮助。然后，人事部门会做出基本的职业规划，经理会和员工谈具体的职业发展道路，最终将具体提供什么培训、发展空间和资源支持紧密结合在一起。李万军从一个普通的工程师被提升为微软公司最年轻的部门经理，他的成功，首先是源于个人的兴趣和对技术的痴迷，其次得益于公司的大力支持。

3. 企业发展前景

如果你想在一个企业中长期干下去，那么对你影响最大的因素莫过于企业的发展前景了。一个企业持续发展的动力源泉是企业文化，优秀的企业文化能为员工提供健康向上、陶冶情操、愉悦身心的精神食粮，能营造出和谐的人际关系与高尚的人文环境。

西门子允许员工犯错误

德国西门子公司的各级主管都明确：员工是企业内的企业家。在西门子，要让员工有充分施展才华的机会，工作一段时间后，如果表现出色都会被提升，即使本部门没有空缺，也会被安排到其他部门。优秀员工可以根据自己的能力和志向，设定自己的发展轨迹，逐级地向前发展，对那些一时不能胜任工作的员工，西门子也不会把他们打入另类，而是在尽可能的情况之下换一个岗位让他们试试。

许多时候，不称职的员工通过调整，找到了自己的位置，干得跟别人一样出色。但这并不意味着西门子公司员工都很优秀，不犯错误。西门子中国有限公司人力资源总监说："我们允许下属犯错误，如果哪个人在几次犯错误之后变得'茁壮'了，那对公司是很有价值的。"犯了错误就不会在个人发展的道路上再犯相同的错误。

4. 企业工资和保障

企业工资和各种保障如何，是求职者最关注的问题。求职者可以从自己的实际需要出发了解企业薪水的高低，是否缴纳养老保险、医疗保险、失业保险、住房公积金等。

大企业好，还是小企业好？没有绝对的答案。任何事都存在两面性，任何一种抉择都必然会各有利弊。迈入职场的第一步非常关键，希望你在就业前多了解一些大、中小企业各自的特点，结合自身性格、兴趣、能力、理想，做出最适合自己的决定，打造属于自己的完美人生。

三、做一个受企业欢迎的员工

在进入职场之前，相信每个人都思考过怎样做才能尽快融入公司，才能受到同事和领导的欢迎。素质与就业的关系极为密切，具备哪些素质的学生才能受企业欢迎？众多用人单位的招聘经理认为，具备下面六个特点的学生最受企业欢迎。

1. 忠诚

作为企业当中的一员，忠诚是第一位的，要确立"一荣俱荣，一损俱损"的观念，自觉执行公司各项规章制度，领导在与不在一个样，说的和做的一个样。忠诚能够带来信任，能够增强凝聚力，能够给一个组织和企业带来源源不断的财富，使之实现持续的发展。

泄露商业秘密，依法承担责任

2002 年 11 月，纪某进入厦门一家生产电控设备的高科技公司工作。2004 年，纪某与公司签订了为期 5 年的合同，纪某承诺若日后离开公司，在 3 年内不从事与原公司同类或相关行业的工作，否则将支付违约金 5 万元。而公司则承诺，对于遵守上述约定的劳动者，公司会在合同期满后给予一次性补助。

2004 年底，纪某被公司派到福建莆田开拓业务。2007 年 4 月，纪某向公司提出离职申请，并声称要"回乡创业"。公司人事部门签署了"尊重个人选择"的意见，并提出，纪某必须遵守约定，不在同行业工作。

不久，纪某投身于另一家公司，在莆田继续从事电控设备销售业务，该公司与纪某原供职的公司是竞争对手。原公司遂向厦门当地劳动仲裁部门提起仲裁，要求纪某赔偿损失，并最终诉至厦门市中级法院。

厦门市中级人民法院指出，纪某违反合同约定，提前解除合同给原公司造成经济损失，并从事与原公司竞争的业务，泄露原公司商业秘密，依法应承担法律责任。

法院最后判决，纪某的赔偿范围包括提前解除合同的违约金 4500 元、培训费 5000 元、因到同类或相关行业工作的违约金 5 万元、因泄露商业秘密造成经济损失的违约金 3 万元，共计 89500 元。

---

2. 工作态度端正

态度决定成功与否。在工作中要摆正自己的心态，积极面对工作中的一切事情，即使工作中遇到一些困难，只要有毅力、有耐心坚持，不断努力，成功就一定属于你。

态度决定成功

案例 1　张良与李辉都毕业于某一所名牌大学，巧的是，他们都受聘于同一家公司。三年后，李辉获得了晋升，而张良依然原地踏步。这是为什么呢？是他们的能力有差距吗？不，他们俩人的能力不分伯仲。那是什么原因呢？后来，公司的领导给出了解释。原来，李辉自始至终都有一个良好的工作态度，认认真真地做好每一件事；而张良却时常抱怨工作辛苦，工作起来经常马虎行事。所以，他们的差距也越拉越远。

案例 2　杰克·法里斯（全美企业联盟主席）13 岁时就开始在父母的加油站工作。他原本想学修车，但父母却让他在前台接待顾客。

他的工作是当有汽车开进来时，在车子停稳前就站到车门前，帮着去检查、保养车子。法里斯发现，如果他干得好的话，就会有很多回头客。

于是，法里斯就总是主动多干一些，例如，帮助顾客擦去车身、风窗玻璃和车灯上的污渍等。

3. 讲究职业道德

对工作要认真、负责，有事业心和责任感，爱岗、敬业，工作积极主动，这是成为一名合格员工的首要条件。

作为公司的一分子，每一个人都有其基本的工作职责和工作范围。生产部门最重要的是按质按量生产出合格的产品；研发部门要尽力设计出符合市场需求的好产品；营销部门要尽可能把产品销售给消费者，而不是放在仓库中；人力资源部门则应尽可能招聘到合格的人才，对他们进行有效的培训与组织……

德与利，孰重孰轻

某大型通信设备生产商将其公司前员工郭某告上了法庭，原因是郭某在该公司工作期间，窃取了公司的技术资料和客户资料不辞而别，给公司造成了重大损失。而郭某，是公司刚从招聘会上聘请来的中职毕业生，在公司上班只有三个多月。后经相关部门调查发现，郭某将从公司窃取的资料卖给了另外一家通信设备生产商，从中获利。

4. 重视团队精神

不和谐的音符

一家企业以前是生产治疗仪的，现在做橱柜，在它的生产线上曾经发生了这样一件事情。有一个工人把一台治疗仪的正负极装反了，然后这台治疗仪又经过一道道工序，最终流向了市场。几个月后，客户发现这台治疗仪有问题，就要求退货。产品返回来后，经过检查原来是正负极装反了，就开始追究。其实这个工人的下一道工序的工人是知道的，当时他就觉得这个人怎么这么傻，正负极这么简单的事都给装反了，但是他并没想到要去告诉那个出错的工人。他觉得："你傻你的，谁管你啊！"所以原本可以在这道工序得到纠正的机会也失去了。在对这件事情进行处理时，企业开除了这个出错的工人，因为他给企业带来了经济和声誉上的损失，犯了不可饶恕的错误。但在处理的同时，又发现了一个问题，就是企业相关制度中没有任何一条指明，发现同事的错误而不提出来就要被开除，或怎么样处理。结果企业虽然觉得那个明知道出错却未尽提醒之责的工人有问题，但就是开除不了他。

在知识经济时代，单打独斗已成为历史，竞争已不再是单独的个体之间的斗争，而是团队与团队的竞争、组织与组织的竞争，许许多多困难的克服和挫折的平复，都不能仅凭一个人的勇敢和力量，而必须依靠整个团队。

5．注重细节

一件大事的成功，是由多个小事的成功决定的，一个小事的成功，是由多个细节决定的。所以，我们要注重细节，因为往往一个细节出现了问题，就会满盘皆输，"千里之堤，溃于蚁穴"。我们要把细节做好，养成注意细节的习惯，关注细微之处，从小事做起，把小事做好，进而成就大事。

细节决定成败

有家招聘高级管理人才的公司，对一些应聘者进行复试。尽管应聘者都很自信地回答了考官们的简单提问，可结果却都未被录用，只得快快离去。这时，有一位应聘者，走进房门后，看到了地毯上有一个纸团。地毯很干净，那个纸团显得很不协调。这位应聘者弯腰捡起了纸团，准备将它扔到纸篓里。这时考官发话了："您好，朋友，请看看您捡起的纸团吧！"这位应聘者迟疑地打开纸团，只见上面写着："热忱欢迎您到我们公司任职。"几年以后，这位捡纸团的应聘者成了这家著名大公司的总裁。

6．关注自身提高

优秀人才更注意提高自己的工作能力，而不是考虑怎样击败对手。对竞争者优势的担心，往往会导致自己的失败。

跳出最美的舞蹈，得到最热烈的掌声

案例1 从孟薇到职任行政经理的第一天开始，李风就对她十分戒备，他敏锐地感到孟薇的到任对自己是个威胁。于是，李风为了保住现在的职位，自恃在公司的资格老，经常在老板面前说孟薇的坏话。孟薇尽管心中十分生气，但很有涵养的她并没有与李风发生正面冲突。半年后，孟薇得到升职，而李风一气之下辞了职。

案例2 某公司市场部助理林蕊不久前被提升为秘书室主任，那是因为她平时所做的策划文案都十分出色。当林蕊得知秘书室主任一职空缺，公司内定人选是打字员林梦时，自信的她便来了个毛遂自荐。总经理一边翻看着林蕊的文案，一边对她一手漂亮的字发出赞叹，考虑之后终于决定放弃那个长得漂亮但文笔平平的林梦。

从上述两案例中我们可以悟出这样的道理，让同事和上司了解你的才能，你就能得到比对手更多的机会；在职业舞台上跳出最美的舞蹈，当然就会得到最热烈的掌声。只是，掌声与鲜花的获得至少要有以下两个必要前提：一是要有勇气走上舞台，二是要创作出比对手更美妙的舞姿。

四、如何在新单位立足

面对新的单位，要长久立足，必须灵活应对。

1. 尽快进入角色，全身心投入工作

初到单位，你要敦促自己迅速进入角色，千万别以为自己是新人便等着有人来慢慢手把手地教你做事。遇到问题时，要善于思考，向有经验的人讨教："我想知道这种事情通常如何处理？""您看我这样做行不行？"不耻下问是优点，切记，别不懂装懂，或抛开问题不管。

你应聘什么职务，拿多少薪水，都应尽快在实际工作中体现出与之相应的实力。要集中注意力，做好本职工作，且尝试与上下级沟通；切忌本职工作没干好，乱插手他人的工作。

要全力以赴，而不要抱着试试看的态度。来到一个全新的环境，不要有"万一不行我还可以再换地方"的想法，而要真正把这当作自己最好的和最后的一次机会，全身心地投入精力。要想在公司立住脚，在最初的3个月，你必须集中精力使自己适应环境，即使你看到别人花上一整天来处理私人事务，你也应该遵从这条建议，原因在于你是新员工，你需要树立一个良好的形象，那就是你在很投入地工作。

调整自己，适应工作

中职学校毕业生赵岷在原公司感觉没有发展空间，跳槽到一家大型集团公司，却因难以融入企业文化而苦恼。而三个月后，在新公司刚满试用期的赵岷感慨地说，每个公司都有其企业文化，积极适应更有助于你的发展。

第一天上班，赵岷进办公室就开始忙着发邮件、发传真、打电话。这一天，她忙到晚上7时才下班。赵岷说，她以前工作的公司是私企，规模不大，工作相对清闲，同事间人情味也很浓，但新公司节奏紧张，"制度管人"很明显，"老员工"认为新来的赵岷是种"威胁"，表现得并不友好。

录用时人事部说，赵岷试用期间在行政部工作，之后任总裁秘书。新环境下，赵岷少说多做，希望能给上司留下好印象，但行政部事情琐碎，难有成就感。有时她对其他部门的工作分配感到不解，严厉的女上司则告诉她："做好本分才最重要，不要越位"。赵岷说，她觉得公司气氛"很压抑"，甚至后悔跳槽，每天都想请假。

第二周，部门为参加全国行业展览会做筹备工作，赵岷和同事加班加点，打印并装订资料、做展台设计等，工作时，赵岷不断提出自己的见解，而上司却说"提建议应从公司角度考虑问题，讲究团队精神，不要只考虑个人意愿"。这让一向自信的赵岷充满挫败感。但展会结果证明，公司的安排的确效果更好，这让赵岷开始转变想法。

第四周，赵岷就公司原有的培训制度写了一套完备的计划补充说明，女上司看后很赞同，说她思维活跃，有见地。赵岷一直以来存在的"压抑感"终于缓解。一个月试用期使她明白：在职场，只有让自己与企业文化合拍，才能更好地发挥个人能力。

2. 认真了解企业文化

每家公司都有着诸多成文的和不成文的规则，一般来说，这些规则是企业文化的精髓与灵魂所在。因此，若想快速融入新环境，必须尽快了解并接受新公司的企业文化和管理制度，并能入乡随俗，不要自己想当然地做事。

员工必须知道的公司四项要素

微软对员工融入公司企业文化的要求是十分严格的，微软创始人比尔·盖茨说："熟悉本公司是每个员工的必修课，因为只有熟悉本公司情况，才有可能把公司情况介绍给你的客户，反之，必会引起客户的怀疑。"

一个优秀的员工应该对自己的公司了如指掌：

第一，公司的成长历程及声望。

有关公司的各种信息资料最主要的有：公司的经营理念、公司的规章制度、公司的日常行为规范、公司的财务情况和生产情况、在同行业中的评价与声望、产品市场占有率等。

第二，公司主要管理层人员的姓名。

员工进入公司时应了解一下公司的人事情况，特别是公司主要领导姓名。因为公司的主要领导决定着公司的经营目标、经营方针，他们的变动往往会影响公司的对外政策。

第三，公司的运行模式与程序。

通晓公司的工作流程，可以增进自己对公司的认知度和认同感。

第四，公司的未来发展目标。

了解公司的未来发展目标，可以帮助员工更好地了解公司的企业文化，从而更好地为实现公司的未来发展目标勤奋工作。

3. 避免卷入是非漩涡

你到一家新公司工作，一切都是陌生的，你在无法判断是非时，唯一要做的就是保持沉默。每个单位都免不了会有一些说长道短的人，这些是非可以听进耳内，但别忘了自己应有足够的分析能力。当身边一些"多舌嘴"与你唠叨时，最好还是闭嘴为妙，免得卷入是非漩涡、得罪他人，或者贻笑大方。

新手上路，卷入是非漩涡

小叶是一名新招聘进药店的店员。由于她学的是市场营销专业，学历在店员中也是最高的，因此店长对她非常器重，准备把她作为骨干来培养。但最近发生的一件事情，让店长改变了对小叶的看法。

刚上班时，小叶被安排在卖场工作，直管上司是一名姓李的卖场主管。该主管与副店长马勇的关系不是很好，两人经常在工作中唱"对台戏"。小叶刚到岗位时，李主管就向她"灌输"了副店长的诸多不是。小叶受其影响，便在心中形成了对副店长的偏见。见自己的主管对马勇的工作安排总是阳奉阴违，小叶便也开始跟着抵制马勇的工作指令。一次，一位老顾客打来电话要求送药上门，因送药员不在，马勇便安排小叶的柜组承担送药任务，李主管以"不是分内的工作"为由拒绝了这项任务。马勇又直接找到小叶，希望小叶能帮忙。谁知小叶也像李主管一样，以"不是分内的工作"为由予以拒绝。

马勇一气之下，将小叶拒不执行工作安排的情况反映到店长那里，并要求店长辞退小叶或延长小叶的试用期。再三权衡之下，店长决定延长小叶的试用期，并改变了对其重点培养的计划。为此，小叶倍感委屈，向同事们诉苦。这时，同柜组的一位老店员悄悄地告诉她："要怪就怪你自己站错了队。"小叶这才明白，药店的人际关系错综复杂，马勇之所以对李主管的"对抗"没有办法，是因为李主管是药店的"创业功臣"，曾为药店的发展做出了很大贡献，店长不可能将其辞退。而自己作为新来的员工，没有任何自我保护能力和"抵抗力"，不明就里地卷入这场是非漩涡，自然很容易受到伤害。

4. 遵守工作纪律

各个公司因行业差异而使工作纪律各不相同。这些纪律，作为"新人"的你必须绝对遵守，例如，不迟到、不早退、不能用办公电话打私人电话、工作期间不准打游戏等。

本月工资呈负数

李红，某职业学校2004级酒店管理专业学生。毕业实习前，老师一遍遍讲实习要求，李红并没有认真记在心上，认为老师太唠叨了。经推荐，她来到一家五星级大酒店。她认为再也没有学校那些条条框框来约束自己了，终于自由了。但工作的新鲜感一过，她的老毛病又开始出现了。由于贪睡，她上班第三天迟到了2分钟，被主管训了一顿；第四天上班时忘了戴领结，又被主管训了一顿；第五天由于心情不好，为客人服务时语气生硬，被客人投诉……短短一个月，她自己也不知道因为多少"小事"被批评。到月底发工资时，她发现自己工资单上的数额为-10元。她还以为是财务上出了错，找到主管申诉。主管拿出扣钱的清单：迟到一次扣10元，服装不规范一次扣20元，客人投诉一次扣100元……李红看了看这些账单，泪水不禁流了下来。

5. 穿着得体

穿着得体主要是指在上班时间，要注意自己的外表形象，整洁而不夸张，个性而不张扬，"人靠衣装"这句话永远是对的。要明白，一个衣冠不整的人很难让人相信是一个干练、精细的人。穿得光鲜一点，自己也会倍感自信。

6. 协调人际关系

1）首先要讲诚信。诚，即真诚、诚实；信，即遵守承诺、讲信用。

2）当好听众，用心去听对方的想法与感受，别让人觉得自己漠不关心或自以为是。

3）要有与人沟通的意愿，多与别人沟通，了解别人的心理，再做出适当的反应。要善解人意，我们不一定要赞同别人意见，但不可把自己的意志强加给别人。

4）加强自己的修养，要学着改变自己，改掉自己不好的习惯。

5）善于控制自己的情绪，不要让自己不好的情绪影响了与周围人的关系。

6）主动关心别人，"悦纳"别人。同事有病，你去看望；同事遇到困难，你助一臂之力……这样，你就会较快地得到新环境的认可。同时，还要"悦纳"别人。"悦纳"就是高兴地把同事当作自己的朋友，包括对有缺点的同事也不嫌弃，不疏远。

7）学会欣赏别人。千万不要以自我为中心，任何人绝不会是一无是处的。懂得欣赏别人优点的人，承认别人的价值和成就，才会让身边的人快乐，才能让自己幸福。

尊重他人，有效沟通

某公司李先生是个能力出色的工作者，但是他的性格比较内向，与其他同事沟通不畅。在定期汇报工作时，他通常要把完成工作的每一个过程都详细地讲给主管听，可是主管关心的只是最后结果如何。于是李先生觉得自己受到了伤害，没得到尊重。

因此，李先生认为主管没人情味，自己跟他分享辛苦做完工作的成绩和感受，他却丝毫不重视。而主管呢，又觉得李先生太唠叨、太注重细节，浪费工作时间。于是两人产生一些矛盾，互相都不满意、埋怨对方，自然给工作带来不可避免的影响。

分析：此案例中李先生注重过程，高度敏感。销售主管关注结果，忽略人际关系。在这样的情况下，李先生要是能了解到主管的性格属于能力型，在以后汇报工作时，先把工作完成的结果说出来，就会让主管容易接受些。而主管要是能了解到李先生的性格属于完善型，以后在听他汇报工作时，多几分耐心，就会让李先生觉得他是被主管尊重的。这样矛盾就能轻易地被化解。

俗话说："要做事，先做人"，年轻员工应用高尚的信仰来改造、充实自己的心灵，从完善自身行为，改善人际关系做起，对企业忠诚，服从领导的工作安排，尊重同事。

有些新的员工在进入公司后，认为自己有了一个安身立命之所，便有了"船到码头车到站"的感觉，不思进取，放任自流，这是错误的。现实是残酷的，人生就像逆水行舟，不进则退。职业生涯起伏不定，难以捉摸，唯有调动自己的全部才智，才能站稳脚跟，得到公司的承认，获得归属。

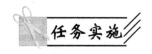

任务实施

针对以下实例，假设你是王林，运用换位思考的方法，考虑如何处理实例后的问题。

换位思考训练

——落选后

王林等 11 位同学经学校推荐参加一家韩资企业的专场招聘会。结果，有 9 位同学被单位录用了，王林落选了。面对这一结果，王林感到无法接受，他认为在这批人当中，自己是很优秀的，自己落选实在是不公平，于是，他情绪非常低落。

问题：

1. 假如你是王林，你会怎么想呢？假如请你去劝导王林，你准备说什么呢？
2. 如果你被录用，又想在单位长久立足，该怎么做呢？

职业生活小贴士

"每个求职者都是一个鸡蛋，最适合他的篮子只有一个；要想找到那只最合适的篮子，必须先弄明白，那是什么样的篮子。"

——《鸡蛋宝典》

心若改变——你的态度跟着改变；

态度改变——你的习惯跟着改变；

习惯改变——你的性格跟着改变；

性格改变——你的人生跟着改变。

——斯洛（美国）

思考与练习

1. 企业员工应具备哪些岗位意识？

2. 与同事如何相互协作？

3. 选择企业时要注意哪几个问题？

4. 如何成为受企业欢迎的员工？

5. 如何在新单位长久立足？

项目四　设计职业生涯

✳ 项目引言

　　没有蓝图不可能筑起高楼大厦；没有规划，难以拥有成功的人生。中等职业教育是以就业为导向的教育，绝大多数毕业生要从这里走向社会，开始自己的职业生涯。一个人的择业目标是否能够实现，不仅取决于个人才能、经验、机遇等条件，还取决于个体的职业期望是否合理。中职学生一般不足 19 岁，身心都还不成熟，但马上面临就业，所以客观、标准地制订个人的职业生涯规划有助于形成科学、合理的职业期望。

✳ 项目目标

　　1. 了解职业生涯规划的含义、特征、意义。
　　2. 学会制订职业生涯规划。
　　3. 明确素质拓展的作用、内容。

任务一　给未来的自我定位

　　了解职业生涯规划的含义、特征、意义，掌握影响职业选择的因素。通过学习，完成任务实施的内容，自我剖析职业因素，准确自我定位。

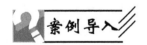

做事情与做事业

　　中专毕业后的前几年，方敏几乎每年换上一种工作。她先是在办公室当文秘，1 年后，感觉卖保健品挺赚钱的，就应聘去一家生物制药公司做推销员。没干多久，保健品也不行了，这时有位朋友拉她去一家营销策划公司上班，月薪也更高，她第二天就去报到上班了。方敏在这家公司工作了一年，收入虽比以前多了不少，但离脱贫致富的目标还有很大的距离。一次偶然的机会，方敏碰上了一位多年不见的老同学，他开了一家小贸易公司，从广东往北京倒腾一些热门商品，"钱"景诱人，于是，方敏又加盟了他的贸易公司。干了半年，公司的生意一天不如一天，方敏又去了一位朋友开的广告公司。没多久，满街都是做广告的业务人员，她又去当了报社记者……

直到 30 岁过后，漂泊的她才安定下来。方敏问自己：这样能做成什么？每次只要去别的公司能赚到比现在公司更多的钱，她就欣然前往。可忙到现在，虽赚了些小钱，生活得到了些许改善，可是却一事无成。她在任何一个行业中都没有打下坚实的基础，当年曾并肩战斗过的同事，许多都在原来的领域成名成家了，而方敏却只是改善了伙食标准而已。

▶ 想一想

经济上的窘迫会使人做出急功近利的现实主义的抉择，但一个想有所成就的人一定要明白：自己适合做什么，哪个领域、哪个岗位才是自己终生事业所在？

一、职业生涯规划准备

1. 职业生涯规划的含义

职业生涯规划也称为职业生涯设计，是指个人和组织相结合，在对一个人职业生涯的主客观条件进行测定、分析、总结研究的基础上，对自己的兴趣、爱好、能力、特长、经历及不足等各方面进行综合分析与权衡，结合时代特点，根据自己的职业倾向，确定最佳的职业奋斗目标，并为实现这一目标做出行之有效的安排。

2. 职业生涯规划的特征

（1）早作规划 规划职业生涯——策划人生、绘制人生蓝图，是人生成功的开端，我国受过去"学完后分配一项工作干终生"观念的影响，曾一度忽视职业生涯规划，使一些学生盲目选择专业、频繁跳槽，最终耽误前程。为此，青年学生应该早日规划职业生涯，促使自己早日成才，快速成功。

（2）确立远大目标 职业生涯目标——人生目标决定职业发展方向，所以，要进行自我测评，全面了解自己，开展调查研究，熟悉社会，在知己知业的基础上，即知晓自己性格、气质、兴趣，了解政治、教育、经济、就业、学业、职业，按照修业、就业、敬业、创业的职业发展整个历程要求，确立人生和职业的远大目标。

五人公司小老板

郑震，上海市城市科技学校 2010 届电子与信息技术专业毕业生。在校期间，他虽然不是班里的学习尖子，但也是班里的活跃分子，总是积极参加各种校园活动，提高自己的综合素质和综合能力。他经过自我体验、他人评价及科学测试，了解自己的性格——外向、气质——多血质、兴趣——公司管理。毕业后，他怀着自主创业的梦想，对学校的职业生涯课和职业指导课尤其感兴趣，在课堂中努力地汲取创业知识，并在社会实践活动中培养创业能力。

2009 年 9 月，一直想自主创业的郑震在家人的帮助和支持下，在学校和老师的关心下，向银行贷款成立了无锡本佳金属材料有限公司，成为一家小规模公司的法人代表，专门从事钢材批发和销售，最初的公司人员只有 5 名。

创业初期，自认为从小耳濡目染生意环境、有一点生意头脑的郑震，雄心勃勃，但却屡屡受挫，很多事情想得很好，实施起来却很难，公司有货但接不到订单，好不容易接到订单，又找不到货源。郑震深深地感觉到前所未有的压力，几乎有了打退堂鼓的想法。但他不是一个轻易认输的人，经过不断地反思和总结，郑震选择了坚持，公司业务逐渐走上正轨。目前公司已有 10 名员工，钢材销售和批发的经营区域由原来的无锡市拓展到江苏省各城市，业务量不断增加，公司也开始赢利。

眼下，郑震又为公司制订了新的发展规划，他的目标是：在五年内将经营区域由原来的江苏省延伸到浙江省和上海市，业务量增加两倍，经营利润翻番，同时进军汽车维修和装潢领域。

（3）选择路线要准确　职业生涯路线是职业发展的必经之路，是走向成功的捷径，一定要根据自身素质、个人意愿、环境、社会因素等综合情况进行认真选择。职业生涯路线分为技术路线、管理路线、技术—管理路线。

走自己设计的"成长路线"

薛震洋，上海信息技术学校 2009 届毕业生、2009 上海教育年度新闻人物获得者，网络公司法人代表、广告公司副经理、婚庆公司股东……这些头衔，属于一个刚满 20 岁的男生。在上海信息技术学校，薛震洋是一号人物：他 17 岁休学创办公司，一年内实现赢利，被评为上海教育年度新闻人物时个人资产近 2000 万元。

原本可以稳稳当当考上高中的薛震洋，初中毕业时做了一个出人意料的选择：提前分流进入上海信息技术学校。他觉得，升高中——考大学——找工作的常规路线，并不是自己的追求，也未必能给自己理想的前途；与这种被设计好的成长方式相比，他更希望走适合自己的路。带着年轻人的一点叛逆，他决定去中职学校，学习计算机网络技术。

2003 年 3 月，上海信息技术学校获得海外办学中心的资格，"计算机网络技术"专业的课程标准，在注重学生获得全面职业能力的同时具备通用能力。教师的教学讲义，各种教学案例直接来源于企业或具有一定社会实用性的实际案例。在这段时间里，薛震洋通过大量上网实践，掌握了扎实的计算机技术，也接触到了许多网上创业者的新鲜事。这是薛震洋日后首选网络创业的缘起。

薛震洋认为，每个人对成功的定义不同，选择的成长方式也可以不同，我的"设计"是尽快学会技术，早点进入"社会大学"边做边学。除了学好专业课，薛震洋在课余时间打工，为公司派发宣传单，到超市、快餐店做收银员、服务生，积累社会经验。薛震洋打工的另一大收获是赚到了日后创业的启动资金。中职二年级时，他与同学合作为国外网站做点击量，一年多里赚得大约 10 万元。三年级下半学期，在父母提议下，薛震洋向学校申请休学一年，准备赴澳洲深造。就在强化英语和申请学校的半年里，他的网络创业梦想越来越强烈。最终，他决定放弃出国，用自己打工赚来的钱和爸爸资助的 10 万元办起了网络科技公司。现在他建立的一个网络兼职信息交换平台已初具规模。后来，薛震洋又回到学校继续学业。在老师的建议下，他还考上了上海交通大学网络教育学院学习企业管理专业。一路走来，薛震洋意识到，自己非常需要补充管理知识和技能，要从技术人员向合格管理者的角色转换。

（4）制订规划要精细　制订职业生涯路线就是绘制人生蓝图，通过举措推进，有目的、有计划、有步骤地沿着职业生涯路线实现职业生涯目标，走向成功。所以，制订职业生涯规划一定要精细、科学、适时可行，要根据个人基本素质、社会状况及修业、就业、敬业、创业，制订出终生规划、长期规划（5～10 年规划）、中期计划（1～5 年计划）、短期计划（月、季、年计划）、近期安排（日、周、旬的具体安排），并根据形势变化、事态发展及时调整计划与安排，逐步完成安排，实现计划，走向成功。

王永素的成功之路

　　青年王永素于 1997 年 9 月进京务工，她树立"将来创业经商当经理"的职业生涯目标，选择管理职业生涯路线，制订详细的职业生涯规划，包括终生策划、长期规划、中期计划、短期计划、近期安排等，根据实际情况进行举措推进：1997 年 9 月进入北京大家乐食品厂务工、学技术；1997 年 12 月，报考北京科技大学计算机自动化大专专业学习，并取得大专学历；1999 年 1 月，因工作出色，销售与生产两位副厂长抢着重用她而陷入矛盾之中，离职当服务员；1999 年 7 月，提前进入商业做业务——到一家商场当导购员，将近三个月的工作，她不仅没有挣到工资，而且损失了 1000 元而被迫辞职，及时调整职业生涯规划。然后，她在一家餐饮公司当收银员，两年后提高了素质，积累了工作经验，到一家建材公司当导购，三个月工资涨到 3000 元。半年后，王永素在学习知识、提高工作能力、积累经验、优化人际关系、积储资金的基础上，自然而然地走上了创业之路，创建丽京装饰公司。一年内，她创办的公司盈利 30 多万元，先后安排 50 多位青年就业，从而落实了她的职业生涯规划，实现了职业生涯目标，走向事业成功。

3．中职生制定职业生涯规划的意义

1）有利于明确职业奋斗目标。

2）有利于实现职业理想。

3）有利于适应社会发展的需要。

4）有利于促进个人努力学习和工作。

5）有利于激发个人潜能。

6）有利于提升中职生应对职场竞争的能力。

7）有利于树立终生学习的观念。

不断学习，铸就辉煌

　　小葛是南京市某职业学校机械专业毕业生，毕业后经学校推荐进入无锡一家机械制造公司工作。他不甘心一辈子只做操作工，决定用自己的勤奋来改变命运。在工作中，他刻苦钻研，用很短的时间就掌握了车、钳、铣、刨、磨的操作技能，并虚心向同事讨教，力求精益求精。后来，在公司的技能竞赛中，他脱颖而出，获得第一名，深受公司领导赏识。这以后，他先后担任过生产线组长、技术主管、生产部经理等职位。为了熟悉企业经营的全过程，他又主动要求做销售和售后服务工作。小葛见机械行业景气度不断上升，毅然谢绝了公司的高薪挽留，在苏州新区注册成立了一家机械设备加工公司，经过 3 年的精心运作，该公司的总资产已超过千万元。

对于即将步入社会的中等职业学校学生而言，如果想获得事业的成功，使自己成为某个

行业中的佼佼者，就应该像小葛那样善于计划，设计好自己的职业生涯。

二、准确自我定位

1. 职业选择

职业选择也称为职业抉择，它受个人因素、环境因素影响，三者之间的关系可概括为："知己""知彼""抉择（选择）"，如图4-1所示。

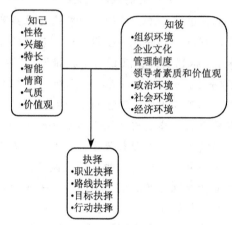

图4-1　知己、知彼、抉择的关系

职业选择是劳动者依照自己的职业期望和兴趣、凭借自身能力挑选职业，使自身能力素质与职业需求特征相符合的过程。

2. 影响职业选择的因素

（1）性格　人的性格千差万别，或热情外向，或羞怯内向，或沉着冷静，或火爆急躁。职业心理学的研究表明，不同的职业有不同的性格要求。虽然每个人的性格都不能百分百地适合某项职业，但却可以根据自己的职业倾向来培养、发展相应的职业性格。

> **面试，难得直率**
>
> 一个跨国公司向社会公开招聘一名质量管理员。由于待遇优厚，报名者很多。经过几轮筛选，最后只剩下 A、B、C 三人，由老总当面考察选其中一个。这天，老总故意将帽子戴歪，领带扎得很短，还在衣服上溅了几个墨点。A进考场虽然一眼就看到了这些，但他怕说出后引起老总不快，只是认真地回答了有关提问，便高高兴兴地出场了。B入场后，脑子里只有对老总的提问紧张，似乎压根儿就没看到老总身上那些与"正事"无关的东西，考完也愉快地出来了。而C一踏进门，便先神情严肃地指出了老总几点不雅处，并深入剖析道："作为一个跨国公司的总裁，这将有损于自己和公司的形象……"老总没有再考问就让他出去了。结果C被录用了，原因就在于他直率的个性。
>
> 作为一个质量管理员，企业最需要的就是这种敢于直面问题、直言不讳的直率行为。直率是一种性格，这种性格又非常符合他的职业。

（2）专业　不同时期，社会对专业的需求不同，专业对择业有着一定的影响。当需求大于供给，供不应求的专业就成了热门专业，该专业的学生择业的机遇就大一些；当供给大于需求，供大于求的专业就成了冷门专业，该专业的学生择业的机遇就小一些。但应该认识到，当今社会的热门专业和冷门专业并不是一成不变的，有时也会互换。

专业技能，立身之本

刘琼，毕业于某丝绸纺织职业学院丝绸工程专业，现就职于某丝绸集团有限公司，负责公司在深圳的市场拓展工作。

刘琼所学专业是在学校老师的建议下选择的，当时她自己也感觉丝绸工程专业是传统专业，比较适合女孩子。在 5 年的专业学习中，刘琼越来越觉得专业很适合自己。她对丝绸品种设计、分析，原料鉴别，花型及图案设计这些专业课都很感兴趣。老师在教学过程中采用了很多新型授课方法，电脑设计和实际动手操作都一一学过。

刘琼的直接领导人这样评价刘琼："虽然她在学历上不占优势，但是职业学校过硬的专业学习为她的工作打下了很好的基础。她是个积极向上、聪明好学、责任心强、乐于奉献的人，非常有可塑性。正是这些特质使她能很快在众多大学生中脱颖而出，被公司确定为重点培养对象。才工作一年就把她派到深圳去负责公司制品部的市场开拓工作，步入管理层。相信她会越来越出色。"

刘琼与学弟、学妹共勉：在校期间一定要学好专业的基本理论和实际操作技能，这非常重要，无论你走到哪里，这都是你立身之本；找工作时要放平心态，切忌眼高手低；根据个人情况，拿捏准了自己将来的发展方向，与老师多沟通，找机会到社会上实习，为自己适应社会打下基础；找准目标，那就认真努力，脚踏实地逐步去实现。

（3）价值观　个人的需求与动机和追求、价值观、行为方式等都会直接影响到职业生涯的发展。同样的工作对不同的人有着不同的价值，而同一个人对不同的职业会有不同的态度与抉择。在择业时，人们会根据对不同职业的评价和价值取向来选择自己的职业。人们在不同的年龄阶段、不同的阅历、不同的职业经历状况下，都会针对自己的主观和客观条件，在对职业的选择和调整方面有不同的动机和需求。

（4）身心健康　身心健康状况对于职业选择是不容忽视的重要因素。健康对于职业选择特别重要，几乎所有的职业都需要健康的身心，如果身体不好，就不可能坚持工作，也不可能有好的职位，因此在工作学习之余注重体育锻炼是非常重要的。

东航返航事件折射职业心理健康危机

2008 年 3 月 31 日至 4 月 1 日，中国东方航空公司云南分公司从昆明飞往大理、丽江、西双版纳、芒市、思茅等地的共 18 架航班在飞抵目的地上空后，未降落而直接返航飞回昆明，导致昆明机场多架次航班延误。东航云南分公司对此做出了"因天气原因而返航"的解释，但同一时间段内飞往上述地区的其他航空公司航班则正常降落。很快有消息指出"飞行员罢工"是诱发此次返航事件的主要原因。

著名心理学专家认为：返航事件的表面原因看似为飞行员因不满奖金分配、征税比例等薪酬分配问题，从而展开的一场劳资博弈，但实际上此行为的深层原因是飞行员职业心理健康危机的一次集体爆发。飞行员的个人负面情绪在不能通过合理渠道得到正确疏导的情况下，逐渐蔓延到群体，导致矛盾激化，产生集体返航的极端行为。

专家指出，在竞争激烈的现代社会，职场人面临着诸多身心健康问题，其中职业心理健康危机尤为突出。职业心理健康危机通常是由工作中出现的各种消极因素累积产生，包括繁重的工作压力、压抑的工作环境、不和谐的人际关系和企业僵化的管理方式等。职业心理健康危机如果不能得到及时释放或缓解，将直接影响到企业的发展和员工的个人成长。

（5）能力　能力是指直接影响人们活动效率，使活动任务得以顺利完成的个性心理特征。人在其一生中要从事各种各样的活动，必须具备多种能力与之相适应。在进行职业选择规划时，要注意考虑两个方面的匹配：一是能力类型和职业相匹配；二是能力水平与职业层次一致或基本一致。这样才能在所从事的职业中有所作为并不断进步发展。

李嘉诚白手起家创神话

华人首富李嘉诚白手起家创造出一幕幕商界神话，他的高超本领到底从何而来？

最初李嘉诚在茶楼里当伙计，留心学习和掌握敏锐地观察他人的习惯、需要、心理的本领，同时留心茶客的谈话，察言观色，从中学到做生意的诀窍。

后来，他到舅父庄静奄的钟表公司干活，他半年时间就掌握了各种钟表装配及修理技术。再后来，李嘉诚毅然放弃了这个很有前途的工作，到了一个无名的小五金厂做推销员，推销工作也成为了他的学习良机。一次，李嘉诚向一家酒楼推销铁桶，遭到老板毫不客气的拒绝。但他又重新回到了酒楼，见到老板抢先说："我这次不是来推销铁桶，只是想请教，在我进贵店推销时，我的动作、言辞、行为等有哪些不妥当的地方，请您指点迷津。我是个新手，您比我有更丰富的经验，在商界您已经是个成功的人士了，我恳求您的指点，以作为晚辈改进的借鉴。"李嘉诚虚心而坦诚的求教精神，感动了老板，老板向他提出了宝贵的忠言和批评，使他增长了本领。

再后来，李嘉诚又到塑胶公司工作，在拼命使企业效益增长的同时，熟悉了塑胶产品从生产到销售的全过程，学到了全套的管理本领，为他日后自创事业，成为我国香港"塑胶花大王"打下了坚实的基础。

（6）兴趣　兴趣是一个人力求认识、掌握某种事物，并经常参与该种活动的心理倾向。兴趣是成功的起点，兴趣可以开发人的智力和能力，激发人们积极地进行探索和创造，兴趣可以增强人的职业适应性，兴趣是工作的原动力。所以进行职业选择规划时，要考虑选择与兴趣相匹配的职业或岗位。

兴趣——成功的起点

某著名职业咨询专家曾介绍这样一个案例：

"我的一个学电子的朋友，毕业以后，他找了一家很不错的公司，做一份很不错的工作，薪水非常高，但他就是不快乐。他自己也很纳闷，为什么工作总提不起精神来呢？我仔细研究了一下发现，他之所以缺乏工作动力，原因在于他对电子这一领域缺乏兴趣。于是我建议他研究一下自己的兴趣。他说自己没什么兴趣。这显然是一种错觉，其实我们每个人都有自己感兴趣的东西。后来发现，他从小就很擅长的一个领域是模型制造。他很善于制作各种各样的模型，而且也很着迷。后来他换了一个与此相关的工作，挣的钱没有原来的一半，但他觉得自己很快乐。可是，我常常在想，如果他一开始的专业就是模型设计，或许他的人生该顺利多了吧。"

当然，任何人的兴趣都不是与生俱来的，而是以一定的素质为前提，在生活实践过程中培养发展起来的。一般说来，兴趣爱好广泛的人容易注意和接触多方面的事物，在选择职业时，自由度就大一些。但兴趣并不代表能力，对某一特定职业有兴趣并不意味着能干好这个职业；同样，具有从事某项工作的能力但缺乏兴趣，取得事业成功的可能性也是非常小的。只有对某一种职业感兴趣，并具有该职业所要求的能力时，才有可能做好这项工作。

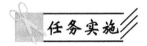 **任务实施**

每个人都对未来自己从事的职业有一个美好的设想，请你对影响职业选择的因素逐一自我剖析（表 4-1），给自己的未来进行自我定位吧！

表 4-1 职业选择自我剖析

影响职业选择的因素	自 我 剖 析	自 我 定 位 （未来职业设想）
性格		
专业		
价值观		
身心健康		
能力		
兴趣		

 职业生活小贴士

兴趣类型与对应的职业见表 4-2。

表 4-2 兴趣类型与对应的职业

兴 趣 类 型	类 型 特 征	适应的职业
1. 愿意与器具打交道	喜欢接触工具、器具或数字，而不喜欢与人打交道	制图员、修理工、裁缝、木匠、建筑工等
2. 愿意与人打交道	喜欢与人交往，对销售、采访、传递信息一类的活动感兴趣	记者、推销员、服务员、教师、外交联络员等
3. 愿意与文字符号打交道	喜欢与文字、数字、表格等打交道的工作	会计、出纳、校对员、档案管理员、打字员、图书管理员等
4. 愿意与大自然打交道	喜欢在野外工作，如地理考察、地质勘探等活动	地质勘探人员、钻井工、勘探工等
5. 愿意从事农业和化学类工作	喜欢种养、化工方面的实验性活动	农业技术员、饲养员、化验员等

（续）

兴 趣 类 型	类 型 特 征	适应的职业
6. 愿意从事社会福利类的工作	喜欢帮助别人，总试图改善他人的状况，帮助他人排忧解难	咨询人员、科技推广人员、教师、医生、护士等
7. 愿意做组织和管理工作	喜欢掌管一些事情，以发挥重要作用，希望受到众人尊敬和获得声望	行政人员、企业管理干部、学校领导和辅导员等
8. 愿意研究人的行为和心理	喜欢谈涉及到人的主题，对人的行为举止和心理状态感兴趣	心理学、哲学、人类学研究者
9. 愿意从事科学技术事业	喜欢科技类工作	建筑师、工程技术人员等
10. 愿意从事有想象力和创造力的工作	喜欢创造新的式样和概念，喜欢独立的工作，乐于解决抽象的问题	演员、作家、画家、创作或设计人员等
11. 愿意做操纵机器的技术工作	对运用一定技术，操作各种机械，制造新产品或完成其他任务感兴趣，喜欢使用工具	飞行员、驾驶员、海员、机械工等
12. 愿意从事具体的工作	喜欢制作看得见、摸得着的产品，希望很快看到自己的劳动成果，并从中得到满足	室内装饰工、园林工、美容师、理发师、手工制作员、机械维修师、厨师等

任务二　制订阶段性职业发展规划

任务目标

掌握确定职业生涯目标的步骤，明确制订职业生涯规划的原则，以及制订职业生涯规划的方法。通过学习，能按任务实施的要求，给自己制订一份阶段性的职业发展规划。

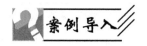

案例导入

将长远的目标具体化

1984 年，在东京国际马拉松邀请赛中，名不见经传的日本选手山田本一出人意料地夺得了世界冠军。当记者问他凭什么取得如此惊人的成绩时，他说了这么一句话：凭智慧战胜对手。

两年后，意大利国际马拉松邀请赛在意大利北部城市米兰举行，山田本一再一次获得了世界冠军。记者又请他谈经验，性情木讷、不善言谈的山田本一回答的仍是那句令人费解的话：用智慧战胜对手。

10 年后，这个谜底终于被他的自传解开了：每次比赛之前，我都要乘车把比赛的路线仔细地看一遍，并将沿途比较醒目的标志画下来，比如第一个标志是银行，第二个标志是一棵大树，第三个标志是一座红房子……这样一直画到赛程的终点。比赛开始后，我就以百米的速度奋力地向第一个目标冲去；等到达第一个目标后，我又以同样的速度向第二个目标冲去。40多公里的赛程，就被我分解成这么几个小目标轻松地跑完了。起初，我并不懂得这样的道理，我把我的目标定在40多公里外终点线的那面旗帜上，结果我跑到十几公里时就疲惫不堪了，我被前面那遥远的路程给吓倒了。

↳ 想一想

山田本一的故事让我们明白了一个什么道理？作为中职生，我们应如何规划自己的"职业发展路线图"？

一、确定职业生涯目标的步骤

1. 确立志向

志向是事业成功的基本前提，是职业生涯规划的起点。俗话说："有志者，事竟成"，"志不立，天下无可成之事"。纵观古今中外杰出人物及各行各业的佼佼者，都有一个共同的特点，即都有远大的志向。立志是人生的起始点，反映着一个人的理想、胸怀、情趣、志向，指导人生事业的航程。

立志造桥

我国现代著名桥梁专家茅以升从小立下为祖国造桥的宏大志向，用此志向鼓舞自己努力学习、刻苦钻研、发奋工作，最终获得博士学位，成为闻名于世的桥梁专家。茅以升11岁时，因龙船比赛中人多断桥的惨剧，使他暗暗立下志愿，要好好学习造桥知识，将来为国造出结结实实的桥，造福人类。从此，他就留心收集各类桥的知识和资料，15岁考入唐山路矿学堂土木系学习，五年记录笔记200本，大约90万字，20岁那年以学堂第一名的成绩考上留美研究生，在美学习期间，他边学习书本知识，边到造桥现场实践，几年后获得工学博士学位，回国投身到桥梁建设事业中。1937年，他主持设计的我国第一座现代大桥——钱塘江大桥（图4-2）落成了，20世纪50年代，他又设计和建造了闻名世界的武汉长江大桥。经过长期奋斗，茅以升终于实现了从小立下的为民造桥的宏愿，为我国经济建设做出了巨大贡献。

图4-2 钱塘江大桥

2．分析过程

（1）自我分析　所谓自我分析就是自我认识的过程，也是"知己"的过程，自我分析是职业生涯规划的基础。人人都有理想，都有希望，都想成功，重要的是在人生职业生涯规划之前应充分认识、了解自己，只有全面而深刻地了解自己、把握自己，才能使理想、希望变成现实。

（2）自我感知　自我感知就是在日常生活中对自己的性格、行为、情感、价值、社会角色等与自我有关的一切因素的自我体验、察觉、认识过程，包括感知生理自我、心理自我、理性自我、社会自我几个部分。

● 生理自我，主要是对自己相貌、身体、穿着等方面的观察与认识。

● 心理自我，主要是对自我性格、气质、意志、情感、能力等方面优缺点的评判与评估。

● 理性自我，主要是对自我的思维方式和方法、知识水平、道德水准等因素的评价。

● 社会自我，主要对自己在社会上所扮演的角色，在社会中的责任、权利、义务、名誉，他人对自己的态度，以及自己对他人的态度等方面的评价。

3．设定目标

职业生涯目标指引人们走向未来，激励人们努力奋斗，并积极创造条件来实现目标，这样可以避免无目标地四处飘浮，随波逐流，浪费青春。没有一定的目标，智慧就会丧失。

职业生涯目标也可划分为人生目标、长期目标、中期目标和短期目标。其中，人生目标的设定是职业生涯规划的核心。一个人事业的成败，很大程度上取决于有无正确、适当的人生目标。初出校门的青年人进入职业队伍时首先考虑的就是人生目标，通过工作初期对工作的试探，进一步了解自我和职业环境，尽快确立职业生涯发展目标。

二、制订职业生涯规划

1．制订职业生涯规划的原则

（1）客观性原则　就是要求个人在自我评估时，对自己的智商、情商、专业特长、个性特点及优缺点，要实事求是地评价，做到一是一、二是二，别隐瞒什么，也别歪曲什么，使评估结果尽可能地接近真实的自我。同时，也要客观地评估所处的职业环境因素，使评价结果建立在事实的基础上，而不是根据自己的好恶下结论。

分析优势，并不断做强做大

刘翔在110米跨栏的出色表现，为世界所震惊，成为名副其实的世界第一，引起国人的骄傲和自豪。取得这一世界瞩目成绩的一个重要原因就是刘翔选准了自己的优势项目——110米栏。

作为一名田径运动员，刘翔跑过短跑，练过跳高，但比世界顶尖短跑的好手跑得慢，没世界顶尖跳高的好手跳得高，与世界水平差距较大，进不了世界一流运动员的行列。但经过详细的分析对比，刘翔有他自己的独特优势。他拿自己的长项与世界顶尖好手的短项比，他比世界顶尖短跑好手的弹跳能力好，比世界顶尖跳高好手跑得快，并根据这一特点选择了110米栏，以己之长，克敌之短，经过持续不断的科学训练，终于取得了110米栏所有级别的世界冠军，赢得了"大满贯"，跻身于110米栏世界顶尖好手的行列中。

（2）前瞻性原则　职业生涯规划是对一生的职业生活安排，是面向未来的生活设计，而不是对当前的生活计划，因此，着眼于未来的前瞻性，应该是贯穿于职业生涯规划中的一条重要原则。也就是说，职业生涯规划虽然要以现实条件为依据，但也不要被眼前的某些现象所迷惑。

（3）全程性原则　职业生涯规划是一个涉及不同要素及时空概念的系统工程，涵盖了个人一生的职业生活内容。因此，在制订职业生涯规划的时候，必须对职业生涯发展历程做全程式的考虑，不是对某一阶段的安排。

选择专业带来的遗憾

有一个女孩子，她性格比较随和，沟通能力比较强，给人的感觉非常善意，通过测评、通过对她的分析，觉得她做人力资源工作非常合适，但是她所学的专业是某农学专业，这样她在毕业的时候，就业比较困难。有很多招聘人事助理职位的企业，职位的要求是人力资源专业，或者工商管理专业，或者是有一定工作经验，她虽然个性很适合做人力资源工作，但是她切入进去比较困难。如果她在选择专业的时候就选择了人力资源专业的话，她现在的就业会更加容易。

（4）实用性原则　必须明确，制订规划是为了执行规划。因此，必须避免烦琐主义的"科学性"，讲求简便易行的实用性。

2．制订职业生涯规划的方法

职业生涯规划，应从一生的发展写起，然后分别定出十年、五年、三年、一年计划，最后订出月、周、日计划。计划定好后，再从一日、一周、一月计划实行下去，直至实现你的一年目标、三年目标、五年目标、十年目标。

制订职业生涯规划时，要把握以下几方面内容：

1）修德厉行，美化人生，把握职业生涯发展方向。

道德能修身养性、克服和消除许多不良的欲求、心态、习性，道德行为的实践，能给人带来一种崇高的精神境界、恬适的心理状态、乐观的生活态度，给人指明奋斗的方向。因此，当代青年要自觉修养道德，追求真善美，诚实守信、勤劳勇敢、开拓进取、团结助人，以高尚的道德来美化人生，把握方向，走向成功。

2）学习知识，掌握技能，奠定职业生涯发展基础。

在当今知识经济社会，现代科学知识是人的精神食粮，技能是人类生存发展的重要手段，学习知识、掌握技能是职业发展的基础。为此，要明确学习目的，掌握学习规律，刻苦学习知识，全面提高技能。

停止学习的后果

柯兹特公司原来是美国最大的化妆品公司之一，他们自以为可以稳如泰山，所以不愿拿出更多的资金去开发新产品，以及了解顾客的需求。也就是说，柯兹特以为自己已功成名就，停止了学习。但就在他们还没来得及认清竞争对手是谁时，对方便悄悄地完成了战备部署：砸了柯兹特的牌子，占了柯兹特的阵地。这时柯兹特才明白他们早已失去了宝座，但为时已晚。

3）把握机遇，快速适应，提供事业成功的条件。

机遇是一只无形的手，常给人们以引导、扶持和催化。机遇创造人才，诱发潜能，提供创业良机，促使人走向成功。为此，我们要在职业生涯中寻找机遇、抓住机遇、运用机遇、创造机遇。

"每桶4美元"

在美国标准石油公司里，有一位小职员叫阿基勃特。他在远行住宿旅馆时，总是在自己签名的下方，写上自己公司的产品"每桶4美元的标准石油"字样，在书信及收据上也不例外，签了名，就一定写上那几个字。他因此被同事们嘲笑为"每桶4美元"，而他的真名倒没人叫了。

公司董事长洛克菲勒知道这件事后说："竟有职员如此努力宣扬公司的产品和声誉，我要见见他。"于是邀请阿基勃特共进晚餐。

后来，洛克菲勒卸任，阿基勃特成为他的接班人——第二任董事长。

4）坚定信心，激发潜能，提供职业发展动力源泉。

自信是实现职业生涯目标的动力，是推动创业成功、事业发展的秘诀。目标确立后，只要充满自信，目标就会进入潜意识，变为修业成才、就业创业、事业成功的自动导航系统，形成一种为实现目标而奋斗的自觉行动。因此，要调整心态，每天早晚坚持用积极的暗示语言进行暗示，注入感情，激发潜能。

一名中职生的传奇创业故事

谢展鹏，2002年毕业于峨眉山市职业技术学校电子专业。毕业后来到了犍为县某电器设备厂，做电器设备的安装、维护等，其实就是电工工种。作为电子专业的技能好手，刚到这家电器设备厂不到半年时间，他就成为了这群年轻人中的技术尖子。当时谢展鹏的工资只有每月900多元。

2005年5月，谢展鹏决定离开这家电器设备厂，去外省开拓下眼界。他只身一人前往浙江义乌的某电子产业基地试水，这一决定对他今后的创业带来很大帮助。他在义乌找到了一家负责承接农村太阳能电器安装、仪器电工应用与维护的公司，这家公司当时特别需要谢展鹏这类有经验的电工人才，也给谢展鹏开出了每月3200元的工资，每年还有两万元的年终奖金。当时这样的待遇着实让谢展鹏感到惊讶。

他在接受记者采访时坦言："当初选择中职是因为自己的文化成绩在初中班上并不出色。想学一门出色的技能，却成为当时自己的另一种奢望。我的父亲告诉我，既然成绩不好读不了大学，不如趁早学一门技能。有技术在手，很快就能在就业中找到位置。"毕业后他才懂得，原来每天枯燥的专业课是为今后的就业打基础。

成功感言：

"一个人的成功绝不是偶然，当然付出一定是必然。中职学生绝不能养成浮躁心态，必须厚积薄发，规划好职场生涯，在就业过程中找准定位和契机，这样才能成功。"

5）勇于创新，创业奉献，促进事业成功。

创新是指抛开旧的、创造新的，它包括创意、创造、创业、革新。创新必须具有创造性思维、参与创造、革新实践、创建企业的勇气和决心，具有创业精神和较高创业革新能力，一旦条件成熟，机遇来临，便可搞出创新成果，走向成功。

网上开店来卖菜

张昕，毕业于上海信息技术学校计算机专业。2004年毕业那年，他集结同学中的IT高手组建了学校第一间设计工作室，当时接洽了几宗"大生意"，帮一些企业制作官方网站。毕业后，他开了家IT公司，从事广告设计。

2007年10月，和朋友思想"碰撞"后，张昕想在"网上超市"进行尝试。张昕做了小型的市场调查，发现当时淘宝等电子商务网站上农产品还是个空白点，因为特定的网上购物人群还没形成。家庭买菜的人群多以老人为主，他们不是网络购物的主力消费者。于是，张昕把创业范围缩小在"有机蔬菜"领域，定位于白领家庭。2008年初，张昕投资30万元，开了间180平方米的"绿悠悠"农产品店，继而又开办"绿悠悠"电子商务网站。

因为年轻，张昕的想法与众不同。他将店里几十种商品一一归类，从网上搜集了从产地到用途等各种信息，编成一个个产品小故事，教消费者怎样从颜色、大小、形状等细节分辨农产品的好坏，并把一些有机农作物和各项身体健康指标"对号"，如东北某个品牌的黑木耳吃了可以软化血管等。

赋予商品故事和文化后，消费者的认可度立马提高了不少，两个月后销售额就突破了40万元。在张昕的店里，商品旁边不再是单一的价格标签，还有五颜六色的故事牌，方便消费者挑选适合自己的产品种类。

6）广泛交际，联合互助，加固事业成功之路。

随着现代化技术和信息业的发展，人与人、单位与单位的关系日趋密切，人们之间依赖性越来越大，这就迫切要求人们广交朋友、联合互助。广泛交际、研修深造、互帮互学、相互促进、塑造英才，在创业实践中联合协作、互相帮助、增加合力、促进事业成功。

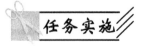

按表4-3的要求，给自己制订一份阶段性的职业发展规划。

表4-3 我的阶段性职业发展规划

预估未来3年内，我所处的环境将发生怎样的变化	1. 2.
这些变化将给我提出哪些新的挑战	1. 2.

（续）

未来3年内，我的职业发展目标是什么	目标1:	
	目标2:	
	目标3:	
	目标4:	
实现这些目标，必须具备的条件是什么	条件1:	
	条件2:	
	条件3:	
	条件4:	
为达到"条件1"，我的计划是什么	（时间、地点、方式，如何监管自己等）	
为达到"条件2"，我的计划是什么		
为达到"条件3"，我的计划是什么		
为达到"条件4"，我的计划是什么		

职业生活小贴士

职业生涯规划实例：

经营"宏达"，让"宏达"更昌盛

——一位中职学生的自述

时代总是在不停地进步，带我们走过了石器时代、蒸汽时代、电气时代，一直走到现在的信息时代。为了适应当今社会日新月异的发展趋势，人们都在不断地用新的知识武装自己。我们作为计算机专业的学生，未来信息时代的一员，更应该树立远大的目标，采取切实的措施，跟上时代发展的潮流，进而实现人生的价值。

1．认识自我

我从小在农村长大，生活在一个在当地还算是比较富裕的家庭中，父亲开着一家有十余名工人的私营企业——宏达汽保设备厂。从小受父亲这位"企业家"的影响，对企业生产管理等有关事物具有浓厚的兴趣。妈妈也是"蓬生麻中，不扶而直"，对财务管理尤为在行。因为这份兴趣和特长，我也初试锋芒，获得了一点小的成功。像在本地比较有名的"腾达"塑料厂的商标就是我设计的。

特有的生活环境及父亲的影响铸就了我倔强的性格——不轻易服人，也决不盲从，而是有自己独到的看法，并且敢于大胆地表现自己。例如，在学校举办的辩论赛中，我赢得了"最佳辩手"的称号等。

我最大的缺点就是粗心大意，做事缺乏足够的耐性，这直接导致了我中考时仅以2分之差，而没能考上重点高中。值得庆幸的是，我还能进入重点职业学校，并且选择了计算机专业。

2．我的目标

成功要依靠目标来领航，如果没有一个明确的目标来领航，就会随波逐流；并且人的生命是有限的，要使有限的生命更有意义，就必须使人生具有明确的目标；沿着正确的方向和道路前进，是一个人取得成功的重要因素。我根据自身的条件和所处环境，确定了以下几个目标：

第一阶段目标：充实锻炼自己；

第二阶段目标：考上理想高职；

第三阶段目标：扩大"宏达"规模。

3．措施及安排

1）2004年7月～2005年7月：提高学习成绩。

措施：把文化课中比较弱的科目——数学补过来。在专业课上，努力做到不能有半点松懈，并且要注重实践，将所学知识牢固掌握。

2）2005年7月～2006年7月：争取学习成绩保持在前五名，为实现第二阶段目标打好基础。

措施：订阅《电脑爱好者》《学习报》等，加强对专业课及文化课的学习。

3）2006年7月～2007年6月：考上一所理想的高职院校。

措施：珍惜时间，给自己加上一节早自习，充分复习每门功课，查缺补漏。

4）2007年9月～2010年7月：在高职院校学习期间，把自己塑造成为一名符合社会潮流的高素质人才。

措施：充分利用学校条件，学好本专业知识，利用课余时间学习企业营销知识，搜集一些成功企业的案例，为经营"宏达"企业做好准备。

5）2010年～2015年：回"宏达"就业，结合所学知识与实践经验，提高企业的整体水平。

措施：深入企业的各个部门，找出企业自身的优势与不足，大胆改革，为企业的进一步发展注入活力。

6）2015年～2025年：把"宏达汽保设备厂"的规模扩大，扩大就业能力，以转移当地农村剩余劳动力，提高当地经济的发展水平。

措施：投入资金及设备，扩大"宏达"规模，充分利用网络优势，通过在"Internet"上发布信息，以扩大宏达汽保设备厂的知名度，让计算机在企业的发展中发挥重要作用。

职业生涯是人生重要的阶段，让职业生涯大放异彩是个人的需要，也是国家和社会的需要，而成功的职业生涯只属于有准备的人。相信通过我的踏实努力，未来会属于我自己。

思考与练习

试着为自己设计一个完整的职业生涯规划。

项目五　择业与求职准备

项目引言

　　求职择业是每位毕业生人生道路上的一次重大选择，是顺利走向社会的一个关口。就业不仅要具有良好的思想道德品质、健康的体魄、扎实的知识与能力储备，也应具有良好的心理素质；不仅要正确地认识自我，还要认识社会，提防职业陷阱。求职过程中要学会以主动、乐观、向上的心态面对就业过程中遇到的挫折和困难。

项目目标

1. 了解获取工作信息的正确途径。
2. 预防常见的求职陷阱。
3. 掌握面试技巧。

任务一　选择适合自己的职业

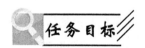

　　了解职业的分类，以及职业的发展趋势，把握准确获取工作信息的途径。通过学习，完成任务实施的内容，学会如何选择职业。

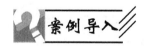

从缝纫工到物流公司经理

　　学服装专业的王家强从职业学校毕业后，到一家服装厂当了一名缝纫工。由于他在实践中勤学苦练，他设计和裁剪的服装款式新颖、质量高，在市场上小有名气，被提升为技术厂长。后来，他参加了成人高考，被工业大学录取，学习物流管理专业，利用业余时间完成了学业，获得了大学专科的学历文凭。随着市场竞争的激烈，服装厂终因技术设备落后、经营不善而宣告破产。王家强也被迫下岗。但他没有被困难吓倒，勇敢地面对现实，迎接挑战。他又学习了驾驶技术，考取了汽车驾驶证，运用国家给予下岗职工的优惠政策，到银行贷款买了汽车，成为了长途运输的司机。在跑运输的过程中，他吃苦耐劳，勤勤恳恳，并乐于助人，总能克服困难，完成运输任务，他的任务不断，生意非常好。两年后，他不仅还清了贷款，还有了一定的节余。工作中经过观察研究他发现，长途运输业竞争日趋激烈，而与之息息相关的物流业悄然兴起，逐渐成为一门新兴的热门行业。于是，他又与好友联合，他担任经理，共同投资在郊区租赁下土地，开了一家物流公司。由于市场摸得准，服务质量高，他的物流公司的经营蒸蒸日上，资产已达百万元。而今，王家强正在思考他的下一步发展计划：积极引进现代化的管理手段，努力提高员工素质；开发市场，扩大经营范围；搞好公司经营管理，让公司在三年内再上一个新台阶。

↘ 想一想

王家强的成功创业经历给我们的启示是什么？我们中职生应如何学习专业、完成学业、了解职业，最终更好地踏入社会呢？

一、我国职业的分类

1. 粗分为三大产业

三大产业即第一产业、第二产业、第三产业。第一产业指的是农业（包括林业、牧业和渔业等）；第二产业指的是工业和建筑业。第三产业指第一、第二产业以外的其他行业，即不直接从事物质产品生产，主要以劳务形式向社会提供服务的各个行业，如交通、电信、商业、饮食、金融、保险、法律咨询，乃至文化教育、科学研究等行业。

2. 细分为若干门类

《中华人民共和国职业分类大典》所确定的职业分类结构共包括八大类：

第一大类：国家机关、党群组织、企业、事业单位人员。

第二大类：专业技术人员。

第三大类：办事人员和有关人员。

第四大类：商业、服务业人员。

第五大类：农、林、牧、渔、水利业生产人员。

第六大类：生产、运输设备操作人员及有关人员。

第七大类：军人。

第八大类：不便分类的其他从业人员。

每位有心就业或创业的中职学生，都不妨根据自己的职业兴趣，先从这三大产业群、若干个行业门类中寻找出大致方向，再一步步地逐渐细化，使自己的就业、创业目标既明确具体，又对口有趣，成功的机率自然也就相对地更大了。

在面试的过程中，常常出现这样的情况，学生选择的企业岗位与自己所学的专业不对口，学数控、机械制造专业的学生想去做三产服务类工作，学计算机专业的学生想去企业生产线工作。究其原因：一是没有按照自己的想法选择专业，全凭父母做主；二是随着自身对社会了解的加深，使之对专业的认识有所改变。

二、职业的发展趋势

知识就是财富的"新经济时代"已经到来，产业结构、行业结构、社会经济结构，以及由此决定的职业结构发生了巨大变化，职业越来越向高科技化、智能化、专业化方面发展。职业的发展趋势主要表现在以下几个方面：

1. 职业种类日益增多

随着社会生产力的发展，社会分工越来越细，职业的种类越来越多，职业的差别也越来越大，呈现出多样性特点，已远远超过了"三百六十行"。据有关资料介绍，全世界职业的种类近 43000 种。

2. 职业结构变化加快

经济快速发展，使职业结构变化加快，人类从农业经济时代到工业革命时代经历了数千年，而 1946 年第一台电子计算机问世到今天，电子行业发展成为一个主行业仅仅用了 60 年时间。工业革命时期，主要行业是纺织业。一直到进入 20 世纪，钢铁、汽车和建筑业才先后超过纺织业。进入 21 世纪，知识经济时代的发展，将会给职业结构的变化带来又一次大的飞跃。

3. 脑力劳动职业增加

从历史上看，脑力劳动者比体力劳动者少。随着教育、文化、科学技术的发展，脑力劳动者逐渐多了起来。进入 20 世纪后，脑力劳动职位在社会职位总额中所占比重越来越大。在我国表现得也比较明显，20 世纪 80 年代，平均每 6 个从业人口中有一个脑力劳动者，近年来上升为每 5 个从业人口中有一个脑力劳动者。

4. 职业对劳动者素质的要求越来越高

当今世界经济竞争异常激烈，经济竞争的基础是科学技术的竞争，而科学技术的竞争从根本上取决于人的素质。因此，为了能够在竞争中取胜，各个部门、各用人单位对劳动力的素质的要求越来越高，知识型的劳动者备受青睐。所谓知识型劳动者是指掌握一定科学知识，又有很强的动手操作能力的劳动者。他们受到正规教育，拥有一定的理论知识和分析、动手能力，是体力劳动和脑力劳动的结合者。因此，劳动者必须努力学习专业知识和技能。

5. 第三产业不断发展

随着我国市场经济体系的建立和完善，我国的经济结构进行的战略调整，产业结构中，第三产业将得到长足的发展，第三产业的增长速度将快于我国国民经济增长速度。加快第三产业的发展是我国的重要经济政策。因此，与第三产业有关的职业，将得到较快发展。

职业的未来发展，将给人们提供广阔的就业、创业舞台。对于劳动者而言，职业的变化和发展既是机遇，又是挑战，只有适应职业的发展趋势，使自己的能力满足市场的需要，才能实现自己的人生理想。

三、获取工作信息的正确途径

1. 利用母校的就业指导中心

学校的就业指导中心是毕业生就业工作的主管部门，肩负毕业生就业前的就业指导和推荐工作，在长期的工作交往中与不少用人单位建立了良好的合作关系，他们对就业资讯、职位空缺掌握得比较全面，因此，此途径是毕业生就业的主渠道。

2. 直接找公司的负责人

这种方法有较大的难处，因为你很难找到与那些跨国公司、大公司老板会面的机会，你很可能要锲而不舍花上几星期，甚至更多时间，对方才肯见面。

出 奇 制 胜

有一天，某出版集团的老板收到一封信，该信是一位求职者写给他的，信上写着"不请我是你的损失"。于是，老板决定要见一见他。且不说这位求职勇士的面试结果如何，就目前而言，他已胜过其他数百位循规蹈矩的求职者，获得一个难得的面试机会。不管这个案例真假如何，但它告诉了我们找工作怎样出奇制胜，怎样胜人一等。我们发现，同样一个学校、一个班级，而且各方面情况相差不大的几十个同学中，找工作的顺利与否会相差极大，其中的原因，很大程度上是源于不同的求职方法和求职策略。

3. 通过社会关系就业

许多单位往往通过熟人推荐的方式招聘员工，因为熟人推荐的人比较可靠。所以提醒毕业生在就业时千万不要忘记老师、父母、亲戚、同学、朋友、朋友的朋友，应充分利用这些资源获取就业信息。

4. 通过社会实践或就业实习基地就业

社会实践是我们自我开发就业信息的重要途径。在社会实践的过程中，通过自己的努力赢得用人单位的信任，取得就业信息甚至直接谋得职业的中职生不乏其人。因此，我们在各种社会实践活动中，在了解社会，提高思想觉悟，培养社会能力的同时，要做一个收集就业信息的有心人。另外，还有一个很重要的实践环节是毕业实习。实习单位一般比较对口，通过实习可以直接掌握就业信息，如果在实习过程中与用人单位达成就业协议也是一个很好的就业途径。

5. 政府劳动部门、人事部门、人才市场组织的"人才交流会"

在人才交流会上，不仅可以掌握许多用人信息，而且双方可直接见面，甚至会当场签订协议。同时，网络、媒体、人才中介机构等也是获取用工信息的途径。无论何种途径获得的就业信息，都应加以判断，以防受骗。

任务实施

根据社会需要和个人条件求职择业，是一个综合的思考过程。在求职择业时，应充分考虑社会需要、职业要求、个人条件的合理匹配。请思考并完成表5-1的内容。

表 5-1　选择职业种类

自己选择理想职业必须考虑的因素	适合自己的职业种类	选择此种职业的原因	获取工作信息的正确途径
☐　职业的社会地位			
☐　对社会、国家的贡献			
☐　收入的多少			
☐　社会的需要与个人条件的有机结合			
☐　职业要求与个人特性是否匹配			
☐　单位离家的远近			
☐　劳动强度是否适中			
☐　工作环境是否舒适			
☐　是否有出国深造的机会			

职业生活小贴士

职业取向测评：

测评方法：根据自己的第一印象或感受，依次选择对下列职业或活动的偏好。其中，①表示非常不喜欢，得-3分；②表示稍微不喜欢，得-2分；③表示无所谓，得1分；④表示比较喜欢，得2分；⑤表示非常喜欢，得3分。每项只可做1个选择。注意：回答时一定要迅速、随意，不要过多考虑。

（1）策划企业活动　　　　　选择：①②③④⑤
（2）参加联谊活动　　　　　选择：①②③④⑤
（3）领导促销活动　　　　　选择：①②③④⑤
（4）调节邻里纠纷　　　　　选择：①②③④⑤
（5）做销售经理　　　　　　选择：①②③④⑤
（6）为公益事业做义务宣传　选择：①②③④⑤
（7）做企业经营顾问　　　　选择：①②③④⑤
（8）当教师　　　　　　　　选择：①②③④⑤
（9）做投资商　　　　　　　选择：①②③④⑤
（10）做职业咨询顾问　　　 选择：①②③④⑤
（11）做市场营销策划　　　 选择：①②③④⑤
（12）安慰别人　　　　　　 选择：①②③④⑤

说明：以上12题主要是测试求职者的职业取向和社交取向。职业取向中，6～12分为较低，13～24分为中等，25～30分为较高；社交取向中，6～12分为较低，13～22分为中等，23～30分为较高。

一般来说，职业取向得分高的求职者，热爱交际、冒险，精力充沛，乐观、和蔼、细心，抱负远大，喜欢诸如推销、服务、管理类型的工作，他们往往具有领导才能和口才，对金钱和权力感兴趣，喜欢影响、控制别人，喜欢与事物打交道；社交取向得分高者，大多热情、友善、耐心、慷慨，乐于助人，有责任心，善于合作，富于理想，喜欢社会交往性工作，如教师、护士、咨询顾问等，喜欢周围有别人的存在，对别人的事很感兴趣，乐于帮助别人解决难题。

任务二　识别、应对求职陷阱

了解常见的求职陷阱，掌握求职中的防骗技巧。通过学习，完成任务实施中的"常见求职陷阱与应对"的内容。

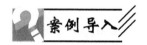

求 职 陷 阱

6月底的一天，快毕业的女生小南接到电话，对方称自己是一家公司的人事部经理，在网上看到了她的简历，约她出来面试。小南很高兴，因为她刚在网上留了求职意向，没想到这么快就有回音了。隔日，她依约来到面试地点。等了一会儿，小南手机又响了起来："小南吗？我是人事部经理。我有事暂时来不了，先让公司的小丁去接你，我尽快赶过来。"

很快，小南就找到了小丁，二人在附近的一家麦当劳里坐了下来。此时，"经理"又打来了电话："请让小丁接一下电话，我找他要公司银行卡账号密码，他的手机没电了！"小南不知有诈，欣然递出了手机。小丁接过电话，走到了一边。考虑到公司账号不宜让外人知道，因此小南也没觉出有什么异常。可等她再向小丁方向看时，却发现小丁已经不见了。一起不见的，当然还有自己的手机。

❥ 想一想

小南受骗的原因是什么？我们在求职过程中，应如何预防求职陷阱？

一、虚假信息的主要来源

1. 社会广告栏

城市的广告栏里是虚假招聘广告最大的"温床"，广告栏里的招聘广告有很多是骗子公司想方设法塞进去的，我们可以发现，那些招聘的广告总是在广告栏边缘处，那就是硬塞进去的重要证据。

2. 街头巷尾

城市偏僻的小巷里，或路边的电线杆上贴着的招聘信息最好不要考虑。即使招聘信息是真的，试想在街头巷尾贴招聘启事的公司，肯定不是什么有实力的公司。尤其是看到还有用手写的招聘广告，你还有兴趣吗？

3. 汽车站、火车站

当你刚下汽车或火车时就看到了这些招聘广告，求职心切的你是否会被吸引？毕竟尽快找到一份工作可以解决自己的食宿问题，食宿问题对毕业生来说也是最迫切的问题了。但是，出现在这两个地方的招聘广告的虚假率极高。

4. 非法网站

我们说的非法网站是指没有备案的网站，这些网站提供的信息并不可靠，这些非法网站与一些企业联合起来骗取求职者的钱财。

5. 报纸、杂志

报纸、杂志并没有审核求职信息正确性的权利与义务，所以报纸、杂志也成为聚集很多虚假招聘信息的地方。

二、常见的求职陷阱

伴随着人才市场的火爆，一批批求职者不断涌入，出现了各种各样的职业介绍机构，为求职者提供了更多的就业机会。但其中也潜藏着形形色色的骗局和陷阱。因此，每个求职者都必须保持清醒的头脑，时刻保持警惕，谨防在求职过程中上当受骗。

1. 试用陷阱：以新招人员替代试用期满人员

试用期原本是在劳动合同的期限内，用人单位与劳动者为相互了解对方而约定的考察期，然而却成了很多用人单位降低人工成本、使用廉价劳动力的一个堂而皇之的借口。这类陷阱的表现形式通常有4种，即单方面延长试用期、只签订试用期合同、试用期"永远"不合格、在试用期内不给缴纳社会保险费（如养老、失业、医疗、工伤保险等）。

> **陷阱：试用期内不享受工伤保险**
>
> 毕业生小王应聘到某化工机械厂，签订了为期1年的劳动合同，合同约定试用期为一个月。哪知"天有不测风云"，上班第8天，小王就因机械发生故障，手臂受伤了。小王因此住院治疗一个月，在住院治疗期间，小王的父母曾向厂方提出工伤待遇申请。但伤愈后，当小王找企业报销医疗费时，该厂不仅不按工伤支付全部医疗费，还以误工为由只发给他基本生活费。其说法是小王试用期未满，不是企业正式职工，不能享受工伤保险待遇。

2. 培训陷阱：以招聘为名，骗取钱财为实

很多公司在招聘时提出"先培训，后上岗"，并要求求职者交纳培训费。这其中有真有

假，一般服务行业对岗前培训要求严格，上岗前会对求职者进行技术技巧培训，例如，收银员、售后服务、前台人员等，这些职务对文化、技术要求较高。如果你应征的是管理职务，公司却要求你支出培训费用的话，就要小心了。

3. 名称陷阱：招聘名称诱人，实际工作气人

有些公司因部分职务招不到人，而打着其他职务的旗号进行招聘，或是给职位重新取个吸引人的名字进行招聘。例如，将招收业务员说成营销代表，售后服务人员说成是客户代表。这种骗招的把戏往往被企业掩盖得很好，直到进入到企业以后才发现，原来是"挂羊头卖狗肉"而已。

4. 收费陷阱：招聘过程巧立名目收取各类费用

有些招聘信息纯属为了骗取求职者钱财而设，主要表现在面试时要求交押金或服装费、工卡费等。

特别是有些企业以职工上岗后配备笔记本计算机等科技产品为由，要求求职者交纳高额保证金，在这种情况下，求职者很难不动心，但也因此上当受骗。

如 此 收 费

王某去某物业管理有限公司应聘办公室文员，通过面试、复试，公司通知她被聘用并要求她前去公司签合同，签合同的前提是交纳 380 元服装制作费，100 元建档费。交钱后，公司说一个月后才能给员工合同，这是公司的规定。王某索要 480 元钱的收据，但公司又说不能提供，要等衣服做好以后才能提供。第二天，王某按时到公司准备开始工作，可没想到公司竟让她回家写一份大型商场的保洁计划书。王某没办法，而且考虑到已经交了那么多钱也不能说不干，就回家写了计划书。当王某将计划书送到公司后他们并没有认真看计划书写得好坏，而是拿出了一份医院的推荐信，要她去某医院做体检，然后才能上班，费用 170 元由她自己承担，王某说自己有健康证，但公司说不承认卫生防疫站办理的健康证，到此王某已经确信这家公司是骗人的了。

---

5. 传销陷阱：招聘"销售人员"，实为传销工作

过去，传销集团的老招数是，对求职者无任何学历、能力的要求，且大批量地招聘，吸引人流量。现在，传销集团将黑手伸向了学生群体，主要采取骗招的形式，例如，招聘财务总监、总经理助理等，吸引学生。在这种招聘信息上，一般都不会出现招聘公司的地址及详细的联系方式，最多只有一个手机号码而已。

6. 广告陷阱：招聘信息做广告，不是招人是宣传

由于在公益性职业介绍市场发布招聘信息，企业不需要支付任何费用，所以，有些企业利用这个网络平台做免费广告。

企业为了长期在网上发布招聘信息以产生广告效应，便把岗位有计划地、分批分步地进行流动，夸大招人数量，说是招 10 人，其实可能只招 1 人，而且延长招聘时间，有时一个职务长期招人，其实根本就不是空的职务。

7. 高薪陷阱：高薪作为诱饵，实则低收入

请注意招聘信息中的此类信息——"每月工资不低于 5000 元"。很多公司在招聘信息中皆

有此类的暗示，但最终签订合同的时候，公司会告诉你，每月5000元的工资结构是这样的：2000元的基本工资，其他的为业绩提成。这种现象主要出现在业务员、营销人员的招聘广告中。

其实此类信息很容易辨别，对于缺乏工作经验的新人来说，要客观地认识到，刚进公司就拿到高薪是不太可能的，正规公司对新人均有一个考察期，考察合格后才有提薪的可能。

一般来说，这类骗术所提供的职位都如同天上掉下来的馅饼，完全不需要个人付出努力就能获得高薪回报。

三、求职过程中的注意事项

大凡求职者，在求职过程中总可能遇到骗局，如果不加注意，陷入骗局，实在令人恼火。尤其对于刚刚步入社会的中职生来说，更要学会运用防骗技巧，防止上当受骗，以下是一些求职过程中的防骗技巧：

1. 网络求职注意事项

1）考查信息网站的可信度。

应聘者要求证企业招聘信息是否真实比较困难，而考查发布招聘信息网站的可信度则相对容易。一般说来，职业院校的学生就业网、知名的招聘网站、大型集团公司的网站等，都是可信度较高的招聘网站，这些网站对发布招聘信息的企业都有资质考查，能够过滤掉虚假招聘信息。

2）发布信息时要格外慎重。

不要发送个人重要资料，例如，身份证号码、信用卡卡号及银行账号不要向任何人泄露。由于网络的安全性还无法控制，个人或企业在网络上输入的信息有可能被他人窃取、利用，造成名誉和经济上的损失。应聘者一定留意招聘网站是否有不泄露应聘者个人信息的声明。

另外，尽量不要发布对社会的负面看法和内容，包括转发和评论，更不要将自己极端的思想在网络上面长篇大论，或对朋友、同事、同学说三道四，以塑造一个积极向上的阳光形象。因为受到人力资源部门的关注后，会通过你发布的信息对你进行"考察"，包括人品及个性特点等。

3）随时核对企业信息。

网络信息有真假，"新手"更是难辨真伪。具体联系招聘单位时，要从虚拟的网上回到现实中，该核对单位电话、地址的一定要核对，提前交什么费用更要慎重，因为招聘过程中一谈到金钱就可能涉及到骗局。

4）填写简历要慎重。

填写个人简历时，请不要在规定的表单以外的地方填写你的联系方式。这样会使所有人都看到你的联系方式，从而导致不安全的情况发生；强烈建议求职者只留本人联系电话并保持畅通，勿长时间关机，若非必要最好不留家庭电话。

泄露宅电，虚惊一场

某中职学校学生小林在招聘网站上发布了自己的个人信息。没过几天，她接到了一个自称为重庆某公司的电话，希望能够了解小林的基本情况，随后询问了家庭电话。虽然小林感到有些奇怪，但出于对网站的信任，还是告诉了对方。不料，小林很快就收到了家里的电话。她的母亲语气焦急地问她："孩子，你在哪儿？怎么你老师说你出车祸了，要我寄几千元钱过去，是怎么回事？"小林是丈二和尚摸不着头脑："没有啊！我好好的呀！是谁给你打电话的？"一查电话号码，果然是自称重庆某公司的那个号码。虽然没有被骗，但是也让人捏了把汗。

相比小林，广州某中职学校的小郭就没那么幸运了。她把自己的求职简历挂到一家人才招聘网站上，上面除了个人情况、求职意向外，还有她的手机号码等联系方式。第二天，一个自称广告公司负责人的男子打来电话，说在网上看见她的求职简历，在详细地询问了她的有关情况后，要求她留下家庭电话，以便通过父母有进一步的了解。结果，小郭的父母很快收到了女儿"出事"的电话，被骗走了8万元。

应聘者在网络上写求职邮件时，一定要在邮件题目上写清楚毕业院校和专业，这样做往往会提高网上求职的成功率。

求职者发送简历的同时，应该发送一封求职信，这是求职者常常忽略的。为了方便人事主管阅读，避免在计算机上多次翻页，求职信、简历都应该采用文本格式。

5）不能一份电子简历"通吃"。

网络求职过程中，由于缺少面谈环节，所以电子简历的制作显得尤为重要。在一次网络招聘会上，企业人事部门能一次收到上千份简历，翻阅每份简历的时间一般不过几分钟。求职者如果不注意技巧，很容易被用人单位忽视，因此，制作网络求职简历一定要有针对性，要根据应聘的职位、用人单位看重的条件来突出自己的优势。

特别提醒，不要以同一份简历来应聘不同的公司或不同的职位。针对不同岗位要求，要有所改动，写几句为该岗位量身定做的求职语句，表现出对该行业、企业的了解和对该工作的重视，才更容易从众多求职者中脱颖而出。

6）不要盲目发送简历。

网上的信息量很大，但自己要有准确的定位，申请符合自己实力的职位，根据个人的专业、爱好、特长，有目标、有方向地向招聘单位求职，否则接下来的面试或通知会让你疲于奔命，应接不暇。而且，面面俱到、内容太多、太花哨的简历往往最容易被淘汰。

7）不要以附件的形式来发送自己的求职简历。

因为技术的原因，某些招聘单位的电脑无法打开附件，有的时候附件会感染病毒，招聘单位也不会打开。所以最好按照公司网站招聘区域的要求发送，或者干脆用纯文本格式。

8）不要忽视已经发送的简历。

最好对发出的简历做一份跟踪档案，分类并随时关注它的进展，尤其要记录下应聘公司的信息。发出求职资料后，要主动与用人单位联系。在网上招聘会结束后几天，要主动通过电子邮件或打电话询问情况，向用人单位表示诚意，也让自己心中有数。

9）不要因为没有回音而过分焦虑。

一定要保持平和的心态，小心细致，有耐心、有坚持，这样才能更好地把握机会。

参加网络招聘的毕业生最好多向学校在就业指导方面有经验的老师请教，请他们多给"把关"。

2. 在接到企业的面试通知时的注意事项

1）在收到招聘单位的面试邀请电话时，请务必再上人才网站核实一下这个企业的资料。

2）认真确认面试地点，千万别轻信招聘者在指定的街道或酒店接待，应该自己主动找到招聘单位所在办公地址或办事处。

3）绝大多数招聘单位不会主动派车去接应聘者，应聘时勿与陌生人到偏僻的地方，勿将手机等财物借给陌生人。发现被骗应及时报警。

3．其他注意事项

1）如遇到单位要求必须体检才能上岗的，求职者应注意：此类医院不应该是私立医院或者诊所。如遇到此类情况，请求职者不要相信，发现被骗应及时报警。

2）拒交各种名义的费用。任何招聘单位，以任何名义向求职者收取抵押金、服装费、产品押金、风险金、报名费、培训费等行为，都属非法行为。

3）不轻信许诺到外地上岗。对外地企业或某外地分公司、分厂、办事处的高薪招聘，不论其待遇多么好，求职者千万要保持清醒的头脑和高度的警惕，不要轻信口头许诺。

4）掌握劳动法规和相关政策。求职者在求职前或求职过程中，应主动学习一些劳动法规和相关政策，提高自己的求职素质和独立思考的能力。

5）多种途径了解公司背景。在求职者正式进入单位之前，想方设法加强对企业的了解以免误入骗子设下的陷阱。例如，注意招聘单位的营业执照等相关证件。

6）谨慎签订劳动合同。

7）发觉被骗，及时报警。

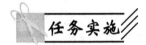

结合所学的内容，将表 5-2 的内容补充完整。

表 5-2　常见求职陷阱与应对

实际情景	常见陷阱	你应如何应对
高薪招聘广告人员，不计学历		
预收 200 元培训费，保证上岗		
某公司诚聘业务代表		
单位要求必须体检才能上岗		
向求职者收取抵押金、服装费		

预防求职陷阱技巧：

1）选择网站关。

选择可靠的招聘网站。对于求职者来说，应尽量选择大型、专业、知名的人才网站进行浏览、注册。因为正规的人才网站会对个人简历的重要信息如联系方式、E-mail、家庭住址等做一定程度的保密处理，只有向网站提供合法资质证明的招聘单位才能看到，但非正规的网站就不一定是这样了。

2）电话联络关。

对待陌生的电话（包括通知面试的电话和其他陌生的询问电话）不要回答太多个人问题，一有可疑情况应立即报警。对于通知面试的电话，一定要对公司的地址及面试地址进行核实，以辨别是否是"皮包公司"。

3）面试防御关。

首先，注意面试场地。其次，注意面试时间和地点，若面试安排在晚上，为保证人身安全，可以和单位商量改到白天的工作时间，尽量不要晚上赴约。

另外，在面试之前，应多方面、多渠道地了解公司情况及背景，看看公司是否正规，业务是否合法，单位是否拥有合法有效的营业执照和经营许可证，是否有不良记录等。在出门前，一定要给家人或亲朋好友留下要去招聘单位的详细地址和联系电话（包括固定电话），以备查用。

任务三 撰写求职信，填写求职登记表

掌握求职信的写法，了解面试的技巧与禁忌。通过学习，能完成任务实施部分的案例分析、填写中等职业学校毕业生求职登记表和写一封 500 字左右的求职信。

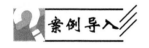

超人的勇气，惊人的结果

20岁的小曾中职毕业后到一家有一定知名度的医药企业应聘科员。面试时，数十名应聘者已被一一编了号，小曾因来得比较晚而被编在了后面。

面试开始不久，几位先参加面试的应聘者阴沉着脸从招聘办公室里走了出来，他们沮丧地说："招聘条件很苛刻，没有本科文凭和两年以上工作经验的从业者，一概不收。"

在门外等候面试的应聘者们听后，呼啦一下散去了很大一部分。小曾虽然也不符合条件，但他却没有跟着其他人一起走掉。不久，又有几名与小曾相仿的应聘者阴沉着脸从招聘办公室里走出来，他们更加沮丧地说："他们不仅要求有本科文凭和两年以上的从业经验，而且还要求年龄在二十五周岁以上。"

剩下的应聘者听后，呼啦一下又散去了一部分，小曾仍然没有走，继续耐心地排队等候。这时，小曾身后的一名应聘者小声地问他："小伙子，你符合他们的应聘条件吗？"小曾回答说："一条也不符合。"那人说："既然如此，你肯定会被淘汰的，不如走掉算了。"小曾听后，笑了笑说："机会难得啊！即便不符合条件，也应该有试一试的勇气啊，说不定就被录用了呢。"

那些没走的应聘者听后，觉得他有些自不量力。但随后的结果却让那些认为小曾自不量力的应聘者们大吃一惊：不符合条件的小曾，虽然没有被招聘成科员，但却因超出常人的勇气和伶俐的口齿，而被破格录用为医药推销员。

↘ 想一想

小曾为什么会在众人都不看好的情况下还能取得面试的成功呢？小曾以自己的求职经历告诉我们一个怎样的道理？

一、面试前的准备

1. 资料的准备

求职信是求职者向用人单位表达意愿的函件，是求职实质性行动开始时所面临的第一个问题。求职信要写得用词恰当、准确、流畅、生动，能够引起招聘人员的兴趣。一份理想的求职信要准确、全面地反映出一个人的自然状况、专业水平、能力结构和综合素质。求职信是求职材料的核心部分，因此一定要写好。

（1）求职信的内容

1）说明个人的基本情况和用人消息的来源。

2）说明胜任某项工作的条件。

3）介绍自己的潜力，进一步给对方加深印象。

4）简要介绍自己在校期间的表现和获奖情况。

5）在求职信的最后向对方表示面谈的愿望，要写清自己的详细通信地址、电话号码和邮政编码。

（2）求职信的格式　求职信的格式与一般书信的格式大体一样，即称呼、正文、结语、署名、时间。开头的称呼要写明你所求职的单位，如"×××单位领导，您好！"或"经理（厂长），您好！"结尾要写上"祝贵公司事业发达"之类的敬祝语。最后要写上"此致　敬礼"等礼貌语言，署上自己的学校和姓名，注意姓名要写全，时间也要写清楚。

（3）撰写求职信的注意事项　求职信要短，不能超过一页；文句要通顺，有逻辑性；态度诚恳；语言简练；做到实事求是，不自我夸大；求职信有唯一性，要针对不同单位、不同岗位突出重点，不可千篇一律；忌只讲优点、十全十美；做到无错别字，标点、数字用法正确。

<table>
<tr><td align="center">**求职信范本**</td></tr>
<tr><td>尊敬的××公司（工厂）领导（部门负责人）：

　　您好！

　　在您百忙之中冒昧写信打扰，深为抱歉！我是××学校的学生，将于××年××月毕业，现将我的基本情况介绍如下：</td></tr>
</table>

性别：男，年龄：19 岁，辽宁省沈阳市人，本人××年考入××学校，学习机械制造技术专业，在校期间，各门学习成绩优良，综合评估在班级前 10 名。于××年被评为校优秀学生。

本人在班级担任组长的工作，为人热情，责任心强，无论大事小事都能兢兢业业完成，不计个人得失，受到同学们的好评。我性格活泼，身体素质较好，喜爱文艺、体育活动，乐于交友，乐于助人。

我的父母都是工人，他们吃苦耐劳，任劳任怨。他们的精神潜移默化影响了我，从小我就有较强的自我管理能力和动手能力，这使我在学习专业时动手能力得到很好的发挥，每次教学实习，我的车工、钳工实习成绩都排在班级的前面，还代表学校参加了××年全市中等职业学校的钳工大赛，为学校争光。

我在报纸上看到过关于贵公司的报道，能到贵公司工作是我最大的心愿。若贵公司愿意接受我，我将努力工作，也愿意服从你们的安排。我期待着能有一次面谈的机会，盼望能接到贵公司的答复信。

　　此致

敬礼

××学校　×××
电话：×××
××年×月×日

2. 问题的准备

知己知彼，方能百战百胜。职场如战场，了解更多的职场情况，特别是面试的一些基本问题，对自己的面试能否取得成功至关重要。以下是用人单位在面试时经常会问到的问题：

问题一：请你自我介绍一下。

思路：

1）这是面试的必考题目。

2）介绍内容要与个人简历相一致。

3）表述方式上尽量口语化。

4）要切中要害，不谈无关、无用的内容。

5）条理要清晰，层次要分明。

6）事先最好以文字的形式写好背熟。

问题二：你有什么业余爱好？

思路：

1）业余爱好能在一定程度上反映应聘者的性格、观念、心态，这是招聘单位问该问题的主要原因。

2）最好不要说自己没有业余爱好。

3）不要说自己有哪些庸俗的、令人感觉不好的爱好。

4）最好不要说自己仅限于读书、听音乐、上网，否则可能令面试官怀疑应聘者性格孤僻。

5）最好能有一些户外的业余爱好来"点缀"你的形象。

问题三：谈谈你的缺点。

思路：

1）不宜说自己没缺点。

2）不宜把那些明显的优点说成缺点。

3）不宜说出严重影响所应聘工作的缺点。

4）不宜说出令人不放心、不舒服的缺点。

5）可以说出一些对于所应聘工作"无关紧要"的缺点。

问题四：你为什么选择我们公司？

思路：

1）面试官试图从中了解你求职的动机、愿望，以及对此项工作的态度。

2）建议从行业、企业和岗位这三个角度来回答。

3）参考答案："我十分看好贵公司所在的行业，我认为贵公司十分重视人才，而且这项工作很适合我，相信自己一定能做好。"

问题五：我们为什么要录用你？

思路：

1）应聘者最好站在招聘单位的角度来回答。

2）招聘单位一般会录用这样的应聘者：基本符合条件、对这份工作感兴趣、有足够的信心。

3）参考答案："我符合贵公司的招聘条件，凭我目前掌握的技能、高度的责任感和良好的适应能力及学习能力，完全能胜任这份工作。我十分希望能为贵公司服务，如果贵公司给我这个机会，我一定能成为贵公司的有用之才！"

3．对应聘单位和应聘职位的准备

充分了解应聘单位和应征职位，面试者提问的出发点，往往与招聘单位有关。因此，面试前应尽可能多了解一些招聘单位的情况，对单位的性质、业务范围、发展情况等做到心中有数。对于大型公司、单位往往可以从网上查询到该公司的有关信息。另外，了解所求取的工作岗位对知识技能的具体要求也有利于有针对性地展示自己的特长。

4．心理准备

心理准备就是要正确认识自己、认识社会、认识岗位、克服各种心理障碍，积极参与面试竞争。对于面试结果，应该坦然对待，不过分计较成败得失。一次面试失败也许意味着将得到十倍的新工作的机遇，就当作一次模拟面试，仔细总结经验教训，为以后参加成功的面试积累难得的学习经验。

5．面试前需要注意的问题

（1）提前准备好赴试的物品　面试前最好带一个文件夹或公文包，不仅增加外表上的职业气质，而且很实用，可以把个人资料，如简历、证书，以及面试邀请函或通知单（如果有的话）、现金、车票、通讯录、手机等都放进去，切忌面试时向主试人借用纸张和笔，这样会显得自己没有训练有素的工作习惯。

（2）着装打扮得体　职业学校的学生在面试时应着重体现浓郁的学生气息和年轻人向上

的生机，学生装、运动装、休闲装等都是不错的选择（图 5-1）。头发应整齐、干净、有光泽，不要把发型搞得过于新奇而惹人注目。

图 5-1　学生面试现场

求职路上，着装毁了我的面试

毕业前找工作那会儿，班上的女生恨不得整容，我是特别信奉形象加分这样概念的人。看到几乎所有同学都要给自己添置几套像样的行头，以备面试之用，我也坐不住了。大家都说，从头到脚置办完全，至少花 1000 元以上。

我家的经济条件，让我不容多想，我实在不忍心再加重父母的负担。可是翻翻衣橱，却拿不出一件正经的职业装。正在犯愁，同寝室的女生给我出了个主意，据说不少外贸小店都有号称名牌的假货，绝对能以假乱真。我一下子心动了，立刻找了家服装店，从上到下给自己置办了一身，只花了相当于正品几分之一的钞票。返回学校，我特意让一个对品牌颇有研究的同学检验了一番，她竟然没有看出来是假名牌。得到"专家"的肯定后，我彻底放心了。第二天就穿着新衣服去参加某知名公司的面试。谢天谢地呀，看得出几位考官对我的形象评分不错，对我的应答也颇为满意，一切都进行得非常顺利。

最后一个问题了！由那个一直沉默的女考官发问："你的着装很有品位，不过，你所穿着的品牌似乎不是你这个年龄学生的经济能力所能承受的。你不觉得你的追求太超前了吗？"

当时我就懵了。这可怎么解释呢？难道要跟考官说这都是假名牌？一个心虚，脑子一片糨糊。支支吾吾半天，越解释越不明所以。考官终于不耐烦地打断了我，让我回去等通知。

没想到最后竟然砸在这套给自己壮胆的衣服上面，真是弄巧成拙！

走出面试房间的那一刻，我差点哭出来。

二、面试的技巧与禁忌

1. 回答面试问题应遵循的原则

（1）突显个性的原则　一个学生是否具有应变能力和创新精神，不仅决定了这个学生自身未来的发展，还直接关系到用人单位的效益和利益。因此，富有创新精神的人才，是深受企、事业单位欢迎的。在面试中个性鲜明的语言和行为，能够给人留下深刻的印象，获得用人单位的青睐。

别具一格的应聘

一家广告公司为了扩大业务进行招聘，参加面试的人很多。有位年轻人排在应聘队伍的第 37 位。面对众多的竞争者，他想出了一条对策，他轻轻地走到考官身旁说道："先生，我排在队伍的第 37 位，在我没有面试之前，请您最好不要做出决定，谢谢。"这个年轻人别具一格的竞职方式，让主考官在众多的应聘者中发现了他，广告公司就需要这样善动脑筋且富有创意的人。

（2）随机应变的原则　面试场是一个看不见硝烟的战场。主考人员经常出其不意地提出一些令求职者难以回答的问题，以考查应聘者的思维能力和应变能力。所以求职者应该在面试时懂得随机应变，机智灵活地从容面对。

变被动为主动

阿华和阿莉同时应聘某公司销售助理一职。在这之前，她们都做到了胸有成竹。可是在面试过程中，阿华就是因为缺少起码的应变能力，而使自己痛失一次机会。

当时人事先叫阿华到经理室面试，阿华在经理示意让其坐下以后，心里便盘算着如何来回答经理的提问。可是，经理并没有像阿华想象的那样急于提问，而是面带微笑地看着她，阿华不知道这位经理的葫芦里卖的是什么药，显得不知所措，不免紧张起来，也不敢正视这位经理。最后还是这位经理打破了僵局，按照惯例向阿华提出了几个简单的问题，便叫她出去等候通知。

轮到阿莉面试了。经理同样面带微笑不主动提问。阿莉见状"主动出击"，改变被动局面。她首先介绍了自己的基本情况，逐渐把重点转移到自己精通的专业知识上，在交谈中，这位经理不断地穿插一些销售方面的问题，面试的气氛一下子变得轻松自然起来。这位经理给阿莉的评语是：谈吐清楚、头脑灵活、反应敏捷，还在后面打了个"＋"号。阿莉顺利过关了。

（3）简明扼要的原则　所以无论是自我介绍，还是回答问题，都要做到言简意赅，用最简短的语言，传达尽可能多的信息，举例也要精要，不能拖沓冗长，像在叙述电影情节般的详细是很不可取的。向用人单位介绍自己的爱好和特长的时候也要措辞简练，切忌絮絮叨叨，或口若悬河，没完没了，这样下去只会让应聘官情绪烦躁，失去继续听下去的耐心。

简洁的回答，可喜的回报

大明到公司去应聘，他在面试时，老总问他对自我的认识，他回答：我相信我自己。当老总问他对公司的印象时，他回答：我以前听说贵公司能让人发挥才能，现在感受到贵公司让人发挥才能。如此言简意赅的回答，给公司老总留下了很好的印象，大明很顺利地成了该公司的办公室人员。

（4）实事求是的原则　这位求职者并没有在虚拟的机会面前，虚伪钻营，而是以实相告，以诚示人，结果被录取了。求职者在面试时一定要实事求是，坦诚地对待招聘方提出的问题，能对答如流，那自然是最好，但如果刚好遇到一些自己不熟悉，或者似曾相识，但现在无法解答的问题，千万不要牵强附会，不懂装懂，这样招聘方对你的第一印象就会是不诚实、办事马虎、不认真、不诚恳。反之，如果你实事求是面对现实，会答的就认真答，不会的就坦然承认，倒会给招聘方留下一个真诚可信的好印象。

坦诚的奖赏

某公司组织招聘，主考官对一位学业优良的学生说："你上次面试时表现得不错，但那次职位太少，这次录用我们会优先考虑你的。"可这位学生并没有来过这家公司应聘，于是他坦诚地回答道："先生，您弄错了，我并没有在贵公司应聘过。"这时主考官微笑着说："年轻人，我很欣赏你的诚实，我决定，不是优先，而是你通过了面试。"

（5）有的放矢的原则　知己知彼，方能百战百胜。求职者要想获得理想的职位，还必须对招聘单位的用人准则和职位特点做到胸中有数。因为只有这样才能在面试回答中有的放矢，成功推销自己。

投 其 所 好

一家计算机公司在招聘面试时提了一个问题："你认为你对我公司有什么价值？"一名大学生在去应聘之前就对公司的招聘岗位及岗位要求进行了了解，下面是他的回答："我是计算机专业毕业的，成绩优良，实际操作能力强。读书期间，我参加过勤工俭学，在富源公司做过兼职公关人员，在华美公司做过推销员，到目前为止，我已经积累了一定的工作经验。所以我觉得我如果来到贵公司，不但可以从事技术工作，还可以推销产品。"

2. 面试的技巧

（1）面试者语言运用的技巧　面试场上你的语言表达艺术标志着你的成熟程度和综合素质，对求职应试者来说，掌握语言表达的技巧无疑是重要的。首先，面试者要做到认真聆听，流利回答。其次，要做到语气平和，语调恰当，音量适中。最后，要做到注意听者的反应，及时调整。

求职面试的语言技巧

一位应聘者前往一家建材公司应聘销售总监的职务。在面试时，凡涉及市场业务管理、销售提成的计算、对全国建材市场的分析、市场开拓等业务问题，他大多对答如流。临结束前，招聘者突然提了一个意想不到的问题："你去联系业务的时候，该单位主管明确问你回扣的问题，而公司是坚决不搞回扣政策的，你怎么办？"

在最初的几秒钟之内，这位应聘者真的急了，但他很快镇定下来，一理思路，原来是招聘者考他随机应变的能力，以及对公司政策执行的工作态度，他迅速在脑海中整理已掌握的信息，列出一个个小提纲，而后有条不紊地答道："确实，在以往的业务中，我也经常碰到类似的事情。一方面，对公司制定的政策我们是要坚决执行的。另一方面，对所联系的业务单位来说，联系业务的成功方式其实不仅仅局限于回扣，其中还有以情感人、以诚感人、以产品的质量和良好的售后服务服人等一系列方式。我想假如真的碰上这样的情况，我相信我会处理得很好。"一席话，赢得了招聘者的频频点头。最后，他被录用了。

（2）面试者回答问题的技巧

1）把握重点，简捷明了，条理清楚，有理有据。

一般情况下，回答问题要结论在先，议论在后，即先将自己的中心意思表达清晰，然后再做叙述和论证。

2）讲清原委，避免抽象。

主考官提问总是想了解一些应试者的具体情况，切不可简单地以"是""否"作答。针对所提问题的不同，做细节回答，有的需要解释原因，有的需要说明程度。不讲原委，过于抽象的回答，往往不会给主考官留下具体的印象。

3）确认提问内容，切忌答非所问。

4）有个人见解，有个人特色。

5）知之为知之，不知为不知。

面试遇到自己不知、不懂、不会的问题时，回避闪烁、默不做声、牵强附会、不懂装懂的做法不可取。诚恳坦率地承认自己的不足之处，反倒会赢得主考官的信任和好感。

诚实使他通过了面试

日本某公司在大连招聘员工，许多人前往应试，经过层层选拔，有三十人进入最后的面试阶段。面试官就是洋老板本人。佟洋，中等职业学校机电维修专业毕业，能进入外商独资企业并从事本专业的工作是他梦寐以求的事情。为此，他做了大量的准备工作。当他走进面试官办公室的时候，面试官突然惊喜地站了起来，快步向他走来，握着他的手兴奋地说："世界真小，想不到在这见到了你。那天我和女儿在星海公园游泳，由于女儿突发疾病情况危急，是你帮助我把他送进了医院。因为我忙着救女儿，也没来得及问你的姓名，太谢谢你了！"

佟洋被他的话弄糊涂了，心想准是这位洋老板认错人了，于是他坚定地说："先生，我没有在星海公园救过人，是你搞错了吧。"但面试官一口咬定就是佟洋，而佟洋依然坚定不移地否认，口气坦然真诚。过了一会面试官大笑起来。拍着佟洋的肩膀说："你是诚实的，你已经正式成为我公司的员工。"原来，这件事情根本不存在。诚实最终使佟洋赢得了成功。

从这个实例中，我们能体会到在求职应聘中，诚实是最重要的，真诚待人的可贵品质在应聘的过程中能给人以美好的印象，也是求职应聘的制胜法宝。

（3）难点突破技巧　在面试过程中，会遇到许多意想不到的困难或尴尬，若不能镇静应付，克服困难，往往会影响自己整个面试的表现。下面介绍几种较常用的方法：

1）以平静的心态接受挑战，否则压力越大越紧张。

2）防止紧张的最佳方法是面试前准备充分，不把一次应试的得失看得过重。

3）坐姿很重要，尽量使自己四平八稳，舒服地坐在椅子上，挺直腰，身体稍微向前倾。

4）深呼吸是减少紧张的有效办法。

5）不要抢着回答问题。

3．面试禁忌

1）面试中，忌不良表现。

面试中，不良表现主要有准备不足、迟到失约、欠缺目标、逞强好胜、耍小聪明，与主考官"套近乎",长篇大论,不善于打破沉默,语气词过多,数落别人,说谎邀功。

另外,不注重礼仪,进屋不敲门,出屋不关门,不使用文明用语。

面试切勿迟到

王力从市场营销专业毕业后,一直在做和销售业务无关的工作。工作上没起色,专业也不对口,于是他还是决定干回"老本行"。

准备简历时,王力如实写上了工作经历,只是将实际的职位改成了业务员。于是,毕业后几乎没干过业务的王力,顿时"旧貌换新颜",成为了"经验丰富的业务员"。为了不让自己在面试时露出破绽,王力做足了功课,甚至将大学时期的教材翻出来温习。

终于到了面试的日子,王力坐着公共汽车,到位于城市另一个区的公司面试。遗憾的是,王力面试迟到了,而且足足迟到了一个小时。王力诚恳地表达歉意:"对不起,想不到这个时候会堵车,我为我的迟到道歉。"然后,王力递上了自己准备的求职材料。

可是,很快主考官将王力的材料退了回来,"抱歉,你没有业务员的工作经验,我们无法聘用你。"王力一脸委屈地说:"考官先生,您仔细看看我的简历,我在多家公司做过业务啊。"主考官摇摇头:"我不相信简历上的大话,我只相信我的眼睛,没有一个成熟的业务员会不了解城市的交通,竟然在重要的面试上迟到了。"

主考官明察秋毫,王力想说什么,却什么也说不出来了。面试失败了,王力终于知道自己离新职位的要求还很远。

---

2)面试中,忌不良习惯。

手:这个部位最易出毛病。如双手总是不安稳,忙个不停,做些玩弄领带、挖鼻、抚弄头发、掰关节、玩弄考官递过来的名片等动作。

脚:不住晃动、前伸、跷起等,不仅人为地制造紧张气氛,而且显得心不在焉,相当不礼貌。

眼:惊慌失措,躲躲闪闪。该正视时,目光游移不定,给人以缺乏自信或隐藏不可告人的秘密的印象,容易使考官反感;另外,死盯着考官,又难免给人压迫感,招致不满。

脸:呆滞死板,冷漠无生气。

3)面试中,忌不良态度。

首先,忌目空一切、盛气凌人。其次,忌孤芳自赏、态度冷漠。面试中,如果表情冷漠,不能积极与主考官配合,会显得缺乏必要的热情和亲切感。

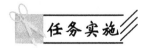
任务实施

1. 做一做

按标准格式写一封500字左右的求职信,并根据自己的情况填写毕业生求职登记表,见表5-3。

表5-3　中等职业学校毕业生求职登记表

班级：　　　　　　　　　　　　　　　　　　　填表日期：　　年　　月　　日

姓　名		性　别		民　族		一寸照片
出生日期		户籍地				
学校任职		有何特长				
政治面貌		学　制		专　业		
身份证号码						
健康状况		拟求职岗位				
受何奖惩						

身　高		视　力		体　重		鞋　码		腰　围	

家庭成员		
联系电话（宅电）		手机号码
家庭现住址		

	关　系	姓　名	年　龄	文化程度	联系电话	现工作单位及职务

	开始时间	结束时间	学校名称	学　历
本人简历	年　月	年　月		
	年　月	年　月		
	年　月	年　月		
备注				

2. 案例分析

美国埃迪亚电子有限公司到某中职学校招聘电工专业学生数人。经与校方协商，面试定于上午8时在学校教学楼3楼会议室进行。该单位人力资源部部长很早就来到会议室外观看应聘学生的表现。学生们一大早就来到面试会场，一看会场中没有人，应聘学生就特别放松，有跷二郎腿的，有大声喧哗的，有坐在办公桌上的……等到8时30分也没看到招聘单位的领导，当学生们正在大吐苦水时，招生办负责招聘的老师来到会议室说此次面试已经结束，学生们惊讶万分。最后结果是埃迪亚公司没有在此录用一名学生。

试分析一下学生们面试失败的原因是什么？如果你是应聘者将怎样去做？

 职业生活小贴士

求职着装技巧：

1）白衬衣+黑色或蓝色西裤+黑色皮鞋适合职业类别：管理、营销、咨询、策划。

2）深色T恤+蓝色牛仔裤+白色旅游鞋适合职业类别：技术员、程序设计、软件设计。

3）女士，发型文雅、庄重，梳理整齐，长发不宜披肩，要用发夹夹好，不能染鲜艳的颜色；化淡妆，保持面部自然清新；指甲不宜过长，并保持清洁，涂指甲油时需自然色；上衣不可太紧，色彩淡雅为最好，如果所应聘的岗位职业化要求较高，应该穿大方、得体的正规套装前往；不穿紧身裤和超短裙，上下衣服颜色协调一致，全身保持三种颜色以内为宜；佩戴的饰物应显示典雅、庄重的气质，不宜太夸张或超过三件；穿裙子时，应着长筒丝袜，并无破洞；鞋子颜色和款式应与衣服的颜色和风格一致，光亮清洁；面对主考官，要精神饱满，面带愉快和自然的微笑。

4）男士，短发造型，保证头发干净、清爽就可以了，最好不要蓄长发、胡须或者指甲；系一条领带产生的职业效果最佳；衬衫选择长袖＋白色几乎是不错的真理，当然其他淡色，如淡蓝色或白底条纹衬衫并非完全不可取；西装，选择保守的深蓝或黑色、灰色，最容易被接受；皮带应该和鞋子相匹配，蓝、黑、灰色的西装将需要黑皮带和黑鞋子搭配。

思考与练习

1．有一位中职毕业生写信给某实习厂人事处，信中的称呼是"叔叔、阿姨"。还有一位女大学生写给某单位人事处工作人员的求职信的称呼是"大哥、大姐"。这样的称谓似乎给人的感觉很亲切，求职者也很谦虚。请你说出自己的看法。

2．如何应对求职陷阱？

3．回答面试问题的原则是什么？

项目六　认识并融入企业文化

项目引言

企业文化理论产生于 20 世纪 70~80 年代的西方世界。研究发现，成功而杰出的大企业都具有明确的经营理念，员工有共同的价值观念，有共同遵守并不见诸文字的行为规范。每个企业都有一种文化，它潜移默化地影响着企业的决策、人事的升迁、员工的行为举止和衣着爱好等，成功的企业必定有繁荣的企业文化，它是企业存活的生命力，是企业团结的凝聚力，是企业发展的推动力，企业文化渗透在企业生产、经营、管理等各个领域，如同灵魂统领着企业的生命，引导着企业行为。因此，企业文化是企业制胜的法宝。

项目目标

1. 掌握企业文化的内容和作用，认识企业文化是企业制胜的法宝。
2. 了解现代企业制度的内容，熟知生产现场工作纪律要求。
3. 掌握 "6S" 活动的内容，强化 "6S" 管理意识。

任务一　分析企业文化的魅力

任务目标

掌握企业文化的含义、内容及作用，充分认识企业文化的魅力。通过学习，完成任务实施部分的内容。

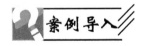

案例导入

充满魅力的海尔文化

1984 年以前，海尔还是一家濒临倒闭的集体工厂，年亏损达 174 万元，自 1985 年海尔与利勃海尔公司合作生产出中国第一代四星级电冰箱（青岛—利勃海尔）以来，目前已开发出 12 个系列、百余种规格的青岛海尔牌电冰箱、微机程控式微波炉、微机电磁炉等高科技、高附加值系列产品，成为年产电冰箱 60 万台、固定资产近 3 亿元、年销售收入 25 亿元的"全国十佳优秀企业"之一，正向成功的"中国松下"目标奋进。

海尔具有丰富的文化底蕴。海尔的企业精神是"无私奉献，追求卓越"；确定的管理战略是"高标准、精细化、零缺陷"；确定的质量战略是"质量是企业永恒的主题"；确定的生产战略是"唯一和第一"；确定的销售战略是"售后服务是我们的天职"；确定的市场战略是"生产一代，研究一代，构思一代"。这些构成了严密的海尔文化网络。

当你走进海尔，首先映入眼帘的正是有着强烈企业特色的巨型徽标"青岛海尔"，镶刻在公司三楼的"无私奉献，追求卓越"八个金色大字闪闪发光。走进接待室，身着礼服的礼仪小姐热情地打开闭路电视，让你通过电视了解海尔的全部风貌；在产品陈列室，礼仪小姐以标准的国际公关水准向你一一介绍几十个品种的"青岛—利勃海尔"系列产品；在奖品陈列室，陈列着无数个国家、省（部）级奖杯、奖章、锦旗和奖品，不用介绍你就能体验到海尔的企业文化效益。

↘ 想一想

海尔由一家濒临倒闭的集体工厂一跃成为"全国十佳优秀企业"的秘诀是什么？

知识链接

一、企业文化的含义

"企业文化"一词自 20 世纪 80 年代从日本、美国引入我国以来，已经历了二十多年的吸收、消化和发展阶段。到目前为止，不论国有企业，还是民营企业；不论煤炭、化工行业，还是旅游、咨询行业……都在轰轰烈烈地搞企业文化。

企业文化是指企业全体员工在长期的创业和发展过程中培育形成并共同遵守的最高目标、价值标准、基本信念和行为规范等，是一种具有企业个性的信念和行为方式。

中国建设银行某支行行长冯嘉兴这样阐述他的企业文化内涵——在企业内部营造"尊重人的价值，提高人的素质，发挥人的主观能动性，力求使每个员工的聪明才智都有用武之地，使他们各得其所，各尽所能，而且是处于自觉的状态中"这样一种工作和生活的氛围。海尔总裁张瑞敏的定义最直接：企业文化是企业发展的灵魂。

美国沃尔玛公司企业文化

1. 三项基本信仰

（1）尊重个人　直呼其名，机会均等，公仆领导，信息分享，门户开放，基层调查，接受差异，同事参与。

（2）服务顾客　两种顾客：内部顾客和外部顾客。无条件退货，三米微笑，零售就是细节。

（3）追求卓越　诚实正直，损耗控制，控制内部开销和成本等。

2. "天天平价"的宗旨

"每天以尽可能低的价格出售商品，不玩把戏，为顾客省每一分钱，保持低成本，低价购买"是沃尔玛的宗旨和理念。

二、企业文化的内容

1. 观念层面

对于企业而言，观念层就是指企业的领导和员工共同信守的基本信念、价值标准、职业道德，以及精神风貌。

（1）企业的最高目标　它是企业全体员工的共同追求，有了明确的最高目标就可以充分发动企业的各级组织和干部员工，增强他们的积极性、主动性和创造性，使广大员工将自己的岗位工作与实现企业奋斗目标联系起来，把企业的生产经营发展转化为每一位员工的具体责任。例如，进入"世界 500 强"就是海尔的最高目标。

（2）经营理念　它是企业领导者为实现企业目标而在整个生产经营管理活动中坚守的基本信念，是对企业发展战略的理性思考。

> **独特的经营理念**
>
> 北京蓝岛商业大厦创办于 1994 年，它以"诚信为本，情义至上"的经营哲学为指导，"以情显义，以义取利，义利结合"，使之在创办三年的时间内营业额就翻了一番，跃居首都商界第 4 位。
>
> 麦当劳能成为世界上最成功的快餐连锁店，就在于有一套独特的经营理念，正是凭着这套经营理念，使麦当劳走向一个又一个辉煌。简单说，麦当劳的经营理念可以用四个字母来代表，即 Q、S、C、V。具体说，Q 代表质量（Quality）、S 代表服务（Service）、C 代表清洁（Cleanliness）、V 代表价值（Value）。这一理念是由麦当劳的创始人雷·克洛克在创业之初就提出来的。几十年来，麦当劳始终致力于贯彻这一理念，说服一个又一个的消费者来品尝它的汉堡。

（3）价值观念　企业的价值观，是指企业职工对企业存在的意义、经营目的、经营宗旨的价值评价，是企业全体职工共同的价值准则。

我国老一代的民族企业家卢作孚（民生轮船公司的创始人）提倡"个人为事业服务，事业为社会服务，个人的服务是超报酬的，事业的服务是超经济的"，从而树立起"服务社会，便利人群，开发产业，富强国家"的价值观念，这一为民为国的价值观念促进了民生公司的发展。北京西单商场的价值观念以求实为核心，即"实实在在的商品、实实在在的价格、实实在在的服务"。

（4）企业精神　它是企业有意识培养的员工群体精神风貌，是全体员工在实践中体现出来的气质。如王府井百货大楼的"一团火"精神，就是用大楼人的光和热去照亮、温暖每一颗心，其实质就是奉献服务；西单商场的"求实、奋进"精神，体现了以求实为核心的价值观念和真诚守信、开拓奋进的经营作风。

（5）企业风气　它是指企业及其员工在生产经营活动中逐步形成的一种带有普遍性的、相对稳定的行为心理状态，是影响整个企业生活的重要因素。如团结友爱之风、开拓进取之风、艰苦创业之风等。

企业风气是约定俗成的行为规范，它一旦形成，就会在企业中造成一定的气氛，并形成企业员工群体的心理定势，导致多数员工一致的态度和共同的行为方式，因而成为影响全体员工的无形的巨大力量，可以起到物质刺激所起不到的作用。

以"铁人"王进喜为代表的大庆油田工人，把"艰苦创业"作为座右铭，坚持"有条件上，没有条件创造条件也要上"的创业精神。大庆人艰苦创业、三老四严的精神，化作了中国工人阶级自力更生、艰苦创业的强大力量。

（6）企业道德　企业道德是指调整本企业与其他企业之间、企业与顾客之间、企业内部职工之间关系的行为规范的总和。

企业道德与法律规范、制度规范不同，不具有那样的强制性和约束力，但具有积极的示范效应和强烈的感染力，当被人们认可和接受后具有自我约束的力量。中国老字号同仁堂药店之所以三百多年长盛不衰，在于它把中华民族优秀的传统美德融于企业的生产经营过程之中，形成了具有行业特色的职业道德，即"济世养身、精益求精、童叟无欺、一视同仁"。

2. 制度层面

企业制度主要是指对企业组织和企业员工的行为产生广泛性、约束性影响的部分，它规定了企业成员在共同的生产经营活动中应当遵守的行为准则。

（1）一般制度　这是指企业中存在的一些带普遍意义的工作制度和管理制度，以及各种责任制度。如劳资人事制度、生产管理制度、技术工作及技术管理制度、设备管理制度、产品销售管理制度、财务管理制度、生活福利管理制度、奖励惩罚制度、岗位责任制度等。

（2）特殊制度　这主要是指企业的非程序化制度，如员工评议干部制度、总结表彰会制度、干部员工平等对话制度、企业成立周年庆典制度等。与工作制度、管理制度及责任制度等一般制度相比，特殊制度更能够反映一个企业的管理特点和文化特色。

（3）企业风俗　诸如体育比赛、歌咏比赛、周年庆典等，这些活动经过长期延续，就成了企业内约定俗成的典礼仪式、行为习惯等，这就是企业风俗。企业风俗不需要强制执行，而是完全依靠习惯、偏好的势力维持。

（4）行为规范　在一个企业内，往往有的行为是允许并且受到鼓励的，而有些行为则是企业三令五申禁止的，这就是企业的行为规范。企业为了使管理、生产、运作等各方面更加有序、有效，必定都要制订行为规范，达到约束员工行为的目的。

五百强企业的制度要求

英特尔从创立开始就非常强调制度，处处都有清楚的规定，每天早上的上班制度就是最明显的例证。在英特尔，每天上班时间从早上8时开始，8时5分以后才报到的人，就要签名在"英雄榜"上，背负迟到的"罪名"，即使前一天晚上加班至深夜的人，第二天上班时间仍是早上8时。

海尔总裁张瑞敏在各种场合讲到海尔的成长历程时，总不忘提到13条制度，其中包括不准迟到、不准早退、不准在工作时打毛衣、不准在工作时闲聊……这些看起来琐碎、细小、简单得令人发笑的规定，却切实地击中了当时海尔的管理要害。通过海尔领导者的严格管理，这13条管理规定得到了有效的执行，使海尔员工的职业化工作道德有了很大改善。此后，海尔的管理者又逐步推出各种新的细化规章制度，做到了有规可依。渐渐地，海尔的企业管理由无序转向有序，海尔的事业也开始走向了辉煌。

3. 物质层面

它是企业创造的物质文化，从物质层面中往往能折射出企业的经营思想、管理哲学、工作作风和审美意识。

1）企业标识。如企业名称、厂徽、厂旗、厂歌、厂服、厂花、标准字、标准色等。这些因素中包含了很强烈的企业物质文化内容，是企业文化的一个较为形象化的反映。

2）企业外貌。自然环境、建筑风格、办公室和车间的设计及布置方式、绿化美化情况、污染的治理等是人们对企业的第一印象，这些无一不是企业文化的反映。

3）产品的特色、式样、外观和包装。产品的这些要素是企业文化的具体反映。

4）技术工艺设备特性。

5）企业的文化体育生活设施。

6）企业造型和纪念性建筑，包括厂区雕塑、纪念碑、纪念墙、纪念林、英模塑像等。

7）企业的文化传播网络，包括企业自办的报纸、刊物、有线广播、闭路电视、计算机网络、宣传栏、广告牌、招贴画等，如康佳集团的《康佳报》、衡水电机厂的《孟牛周报》。

综上所述，企业文化的三个方面是紧密联系的：物质层面是企业文化的外在表现和载体，是制度层面和观念层面的物质基础；制度层面则约束和规范着物质层面及观念层面的建设，没有严格的规章制度，企业文化建设无从谈起；观念层面是形成物质层面和制度层面的思想基础，也是企业文化的核心和灵魂。

麦当劳的企业文化

和蔼可亲的麦当劳大叔、金色拱门、干净整洁的餐厅、面带微笑的服务员、随处散发的麦当劳优惠券等都是消费者所能看见的外在的麦当劳文化。

麦当劳大叔是友谊、风趣、祥和的象征，他总是传统马戏小丑打扮，黄色连衫裤、红白条的衬衣和短裤、大红鞋、黄手套、一头红发。他在美国许多儿童心中，是仅次于圣诞老人的第二个最熟悉的人物，他象征着麦当劳永远是大家的朋友。

金色拱门：麦当劳的企业标志是弧形的"M"字母，以黄色为标准色，稍暗的红色为辅助色，黄色让人联想到价格的便宜，而且无论什么样的天气里，黄色的视觉性都很强。"M"字母的弧形造型非常柔和，和店铺大门的形象搭配起来，令人产生走进店里的强烈愿望。

三、企业文化的作用

1. 导向作用

所谓导向作用就是通过它对企业的领导者和职工起引导作用。

（1）价值观念的指导　美、日企业的价值观中都把顾客看得很重要，都有着强烈的创新意识，这种价值观就引导员工为顾客提供一流的产品和服务，引导员工在工作中不怕风险和失败，勇于打破旧框框，实现产品和技术的革新。中国企业的价值观中也有诸如集体意识、创业意识和勤俭意识等，这些意识对中国企业员工的行为也起到相应的引导作用。

（2）企业目标的指引　在激烈的市场竞争中，企业如果有一个自上而下的统一目标，就能把职工个人目标引导到企业目标上来，职工就会在潜移默化中接受共同的价值观念，不仅过程自然，而且由此形成的竞争力也更持久。

> ### 华为的企业文化
>
> 1. 狼性文化
>
> 华为公司自创业以来，就一直信奉和宣扬"土狼"精神，总裁任正非在一次讲话中提到，"企业要想前进，就是要发展一批狼，狼有三大特性，一是敏锐的嗅觉。二是不屈不挠、奋不顾身的进攻精神。三是群体奋斗。"
>
> 从华为的实践来看，华为特殊的狼性精神实质就在于追求卓越的进攻精神。
>
> 2. 华为的使命
>
> 华为的追求是：实现客户的梦想，以客户需求为导向，保护客户的投资，降低客户的成本和风险，提高客户竞争力和盈利能力，全心地为客户打造最好、最适用的产品。

2. 凝聚作用

当一种企业文化被该企业成员认同之后，它就会成为一种黏合剂，从各方面把其成员团结起来，形成巨大的向心力和凝聚力，通过这种凝聚作用，职工就把个人的思想感情和命运与企业的兴衰紧密联系起来，产生对企业的强烈的"归属感"，"厂兴我荣，厂衰我耻"，"爱厂如家"。

> ### 到底缺什么？
>
> 有一位进入海尔工作的大学生，在一段短暂的时间之后离开海尔，到深圳的一家非常著名的大企业集团当了部门经理。可是不久，他就给张瑞敏总裁写了一封信，他在信上说，我现在是在深圳的一家公司工作，收入很高，但是我总觉得缺了点什么，我仔细地想到底缺什么？缺的是文化，缺的是团队精神，缺的是透明的人际关系。作为企业，单纯靠高薪、高待遇是不容易网罗人才、留住人才的。只有企业文化才会对他们起到很强的吸引作用，使他们产生强烈的归属感。

3. 陶冶作用

在企业文化的熏陶下，员工积极工作，将自己的劳动融入到集体事业中去，共同创造、分享企业的荣誉和成果，本身又会得到自我实现及其他高层次精神需要的满足，从中受到陶冶，使工作热情长期处于最佳状态。

> ### 潜移默化
>
> 美国惠普公司树立了七个目标：利润、客户、感兴趣的领域、增长、育人、管理、好公民。对员工的教育和培养成为了企业的一个主要目标，自然也就形成了尊重人、培养人、关爱人的惠普文化。
>
> 具有三百多年历史的北京"同仁堂"，它的堂训是"同修仁德，亲和敬业；共献仁术，济世养生"，这一理念不仅影响员工行为，更重要的是陶冶了员工的情操，培养优秀的品质，发扬中华民族的优良传统。

4. 约束作用

企业文化的约束功能，与单纯强调制度的硬约束不同，它虽也有成文的制度约束，但更强调的是不成文的软约束。企业文化的软约束以潜移默化的方式，在形成一种群体道德规范和行为准则（即非正式规则体系）以后，某种违背企业文化的言行一旦出现，就会受到群体舆论和感情压力的无形约束，同时使员工产生自控意识，达到内在的自我约束。

顾客永远是对的

沃尔玛是一个世界级的企业。沃尔玛的文化里面有两条规定：第一，顾客永远是对的；第二，如有异议，请参照第一条，那么顾客还是对的。像这样的一种文化，对整个公司员工的思想和行为，有一种约束作用。首先，顾客是企业的增值伙伴，在服务的过程中员工要有一种心态，就是在任何情况下，都不能跟顾客顶撞、争辩，不能跟顾客有激烈的冲突，这是一种文化。它没有让员工低三下四，但是也不允许员工去打骂顾客。如果顾客打骂员工，那是顾客做错了，按照沃尔玛精神"如有异议，请参照第一条"，也不能与顾客发生冲突。这是一条高压线，具有一种约束功能。

5. 辐射作用

优秀的企业文化通过企业与外界的每一次接触，包括业务洽谈、经济往来、新闻发布、参加各种社会活动和公共关系活动，甚至通过企业制造的每一件产品、企业员工在社会上的每一次言行，向社会大众展示着本企业成功的管理风格、良好的经营状态和积极的精神风貌，从而为企业塑造良好的整体形象，树立信誉，扩大影响。

本土化的文化战略

诺基亚过去是一家优秀的企业，它的很多产品都得到了社会的认可，原因是其本土化的战略和本土化的文化。它将自己诞生的国家——芬兰的背景淡化了，说自己是一个本土化的世界级企业，在这样的定位下，它的文化、管理、经营政策，对中国政府的态度、对中国员工的态度会起到作用。这个时候我们觉得诺基亚更亲切一些。这样，它的文化就会延伸和辐射到社会上去了。这种辐射功能会直接给这家公司带来非常明显的市场份额，以及社会的美誉度、员工的忠诚度、顾客的满意度。

6. 创新作用

创新是企业谋求生存和发展的重要法宝。任何企业失去了创新的能力其后果只有死亡。企业创新不仅包括技术创新，还有组织创新、管理创新、服务创新等诸多方面。优秀的企业文化则可以激发员工的创新精神，鼓舞员工开拓进取。

不轻易扼杀一个怪想法

美国的 3M 公司（明尼苏达采矿制造公司）是一家综合经营的大公司，创建于 1902 年，领域涉及卫生保健、电力、运输、航空航天、通信、建筑、教育、娱乐与商业。

在企业经营管理领域，公司提出"3M 就是创新"的理念，创新——这种企业家精神的原动力，几乎成了 3M 公司的代名词，享誉全世界。在 3M 公司中国网站上，这样写道："3M，创新精神为本——我们始终致力于不断创新、开发新技术和新产品，随时满足客户所需。"3M 公司容忍失败，不轻易扼杀一个怪想法，鼓励员工大胆尝试，开发出一系列轰动一时的产品，保持了企业的活力和竞争力。

可见，优秀的企业文化不是保守的，而是创新的，在变化莫测的网络时代，只有不断创新，企业才能生存，这种思想在优秀企业的企业文化中多有表现。

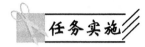

1. 明确企业文化的内容与作用

请将表 6-1 的内容补充完整。

表 6-1　企业文化的内容与作用

企业文化的内容	观念层面	1. 2. 3. 4. 5
	制度层面	1. 2. 3. 4.
	物质层面	1. 2. 3. 4. 5. 6. 7.
企业文化的作用		1. 2. 3. 4. 5. 6.

2. 思考企业文化

在你所了解的企业中，给你印象最深的是哪一个？为什么？

我们最重要的财产就是全体员工，他们就是公司。你可以取代我们的技术、数据、声誉和客户，但你不可能复制出聚在一起的这群人和由他们共同发展起来的企业文化。

——布隆贝格

一个企业若是没有特定的企业文化，仅仅作为一个组织生存的话，那么这个企业是很难持久，而且很难跨越的。

——长沙远大空调实业公司董事长　张剑

任务二　遵守企业现场工作纪律

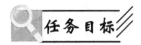

任务目标

理解现代企业制度的内容，严格遵守生产现场工作纪律。通过学习，完成任务实施的内容。

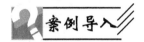

案例导入

鲁尔公司：现代企业制度的一个范例

鲁尔公司在世界企业排序前200名以内，是一个跨国经营公司，雇员10万人。

1. 鲁尔公司的治理结构

1）股东及股东大会。鲁尔公司前身是鲁尔煤炭公司，成立于1968年11月。公司成立时，有26家股东。经过多年来股权的组合和转让，目前公司股东只有5家。股东大会是鲁尔公司的最高权力机构，由股东代表组成，实行每股一票。每年至少召开一次会议，主要讨论和决定公司的利润分配，评价监事会及董事会的业绩，选举任命监事会成员，讨论修改公司章程等。

2）监事会由监事会成员21人构成。监事会代表股东及企业职工利益，讨论决定公司经营的重大方针，决定投资方向，任命董事会成员等。

3）董事会是公司的最高经营管理机构，相当于我们说的经理层。由一名董事长、一名副董事长及4名全权代表组成。主要任务是负责公司的经营管理。

2. 鲁尔公司的企业组织结构

鲁尔公司组织机构按业务性质可以分为三大部分：第一部分是采矿业，为鲁尔煤炭采矿公司，包括13个煤矿、3个焦化厂等。第二部分是非煤产业，主要有5个大公司，一是鲁尔销售与贸易股份公司；二是鲁尔EBV股份公司；三是STEAG公司，包括电厂经营、能源技术与咨询、能源合同核能远程供热、废物处理、建筑技术等；四是鲁尔RUGDRS股份公司；五是鲁尔环保有限公司。第三部分是服务行业，主要有3个公司。一是鲁尔房地产股份公司；二是鲁尔培训有限公司；三是鲁尔信息技术有限公司。

↘ 想一想

鲁尔公司的成功经验给我们的启示是什么？

知识链接

一、现代企业制度的内容

1. 企业法人制度

企业法人是具有国家规定的独立财产，有健全的组织机构、组织章程和固定场所，能够独立承担民事责任，享有民事权利和承担民事义务的经济组织。

从道理上讲，要独立承担民事责任和行使民事权利，必须有一定的物质基础，即可供自己支配的财产。因此，企业法人制度规定，公司享有由股东投资形成的全部法人财产权，依法享有民事权利和承担民事责任。

2. 有限责任制度

所谓有限责任制度是指公司以其所有财产对其债务承担责任，股东以其出资额为限对公司债务承担责任的制度。

有限责任公司的股东只以其认购的出资额为限对公司负债，对超过其出资额以外的公司债务不承担责任，公司的债权人不得直接向股东主张债权或请求清偿。公司以其全部财产对外承担责任，如果公司所有财产不能承担公司债务，公司也不得主张由股东来清偿。

我国《公司法》规定的有限责任主要是针对有限责任公司。

3. 科学的企业组织制度

公司组织机构通常包括股东大会、董事会、监事会及经理人员四大部分，按其职能，分别形成决策、监督、执行机构。

（1）股东大会　股东大会也称股东会，是由全体股东组成的机构，是公司最高权力机构，其主要职责是：选举和罢免董事会和监事会成员，制定和修改公司章程，审议和批准公司财务预决算，投资及收益分配，决定公司类型变更、分立、合并和解散等。

（2）董事会　董事会是股东大会的常设机构，是公司的经营决策机构，对股东大会负责并报告工作。其主要职责是执行股东大会决议，制定公司经营目标、重大方针和管理原则，选举、委任和监督经理人员并决定他们的报酬和奖励，提出盈利分配方案供股东大会审议等。董事会设董事长一人，董事长一般为公司法定代表人。

（3）监事会　监事会是由股东大会选出的公司监督机构，是与董事会并立的，代表股东大会对董事会和经理行政管理系统执行监督权的机构。它有权审核公司财务状况，保障公司利益及公司业务活动的合法性。为保证监督的全面和有效，监事会组成人员，即监事应不只限于股东。为保证监督的独立性，监事不得兼任公司的管理职务。

（4）经理机构　经理机构是受董事会委托，代表公司进行日常经营管理业务的组织机构。经理人员作为公司实际事务的管理人员，一般指总经理、副总经理、经理、副经理，以及其他具有类似职位的人，如总经济师、总会计师、总工程师等高级管理人员。

4. 科学的企业管理制度

公司管理制度是有关约束和调整公司经营管理的活动中，各种特定经营管理行为方式和关系的行为准则。这种规则可以是在管理实践中逐步形成的习惯，也可以是规章、条例等。

二、企业生产现场工作纪律要求

在生产现场工作不要只关注绩效本身，而要从自我做起，做好自主管理、自主经营，养成良好的职业素养，依规定行事，养成良好的日常行为习惯，从身边小事获得成就感，才能更加认真贯彻工作命令，严格遵守现场纪律，深入落实各项指标，确保提高工作绩效。

关于现场工作纪律的要求有：

1. 上班前

1）以愉快的心情上班。

2）提早 10 分钟到达岗位，按规定着装。

3）遇到同事应主动问早。

4）进入办公室后应将随身物品放置在指定位置。

5）开通各种通信设施，检查往来联络情报。

6）上班时刻一到，立即停止一切非工作事情，如早餐、读报及聊天等。

2. 仪表

1）女性避免穿着华丽的衣裳或佩戴贵重的装饰品。

2）女性化妆宜淡雅朴实，不得擦指甲油。

3）男性应穿着整洁、素淡的衣服。

4）进入厂区必须按规定着装。

5）穿着整齐，男性不留胡须。

6）指甲、牙齿、鞋子甚至内衣均不可忽视卫生。

3. 履职

1）了解上级的理念和要求，接受指导，听从指挥。

2）经常检讨工作，提出改进方法。

3）不要未经思考与尝试，就对交办工作提出一大堆拒办的理由。

4）不因一时的阻碍，而屈服于工作压力。

5）对工作充满信心，积极、乐观、负责。

6）对上司不唯唯诺诺，有话直说。

7）知错必改，不强辩，不掩饰。

8）不断追求进步，充实知识。

9）上司需要你时，都能找到你，或掌握你的行踪。

10）吃饭或下班，应视工作状况而适当调整。

4. 守时

1）严格遵守作息时间，不迟到，不早退。

2）参加会议、培训、洽谈或与人约定应严守时间。

3）工作有计划，注重期限，争取时效。

4）约定的事，就要全力去完成。

5. 守序

1）了解公司的历史、组织结构、规章制度、产品，尊重客户。

2）保持工作气氛，不得喧哗及嬉戏。

3）上班时间不做私人事务，避免会见亲友。

4）注意吸烟的安全规定。

5）保持环境美化。

6.　惜物

1）爱护企业设备，绝不挪为私用，不随意破坏。

2）借用完毕后应立即归还物主。

3）个人保管的公物应妥善保管、保养。

4）节约使用文具、纸张、影印机、水电等一切公共消耗品。

5）生产设备应经常擦拭、保养，保持整洁，遇有损坏立即报修。

7.　离开岗位

1）需要外出时，应将地点、目的、预定返回时间向上级报告或以"出厂单"明确表示。

2）工作时间内，不可随便离开岗位。

8.　请假

1）请假需事先提出，临时请假要以电话向主管报批，及时通知人事、行政部。

2）请假前应将待办事项交代职务代理人，并留下联络电话。

3）充分利用公众休假进行休息或办理私人事务。

4）不可因请假而影响工作的进行。

9.　下班时

1）接近下班时刻时，开始收拾东西或等待下班。

2）今日事、今日毕。下班前预定翌日的工作计划。

3）将桌上物件收放抽屉及柜内，桌面保持干净。

4）椅子、设备、工具归位。

5）不影响其他尚在工作的同事办公。

6）与上司及同事道别。

7）最后离开者确认门窗是否关好。

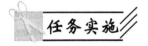

走上工作岗位后，你将如何遵守企业现场工作纪律？请将表6-2填写完整。

表6-2　企业现场工作纪律

上班前	
着装	
仪表	

（续）

履职	
请假	
下班时	

职业生活小贴士

王永庆，台塑创始人，他关于企业制度的名言是，制度第一，总裁第二。

1983 年，他接管了美国的一个 PVC 工厂，当时有八个分厂，月产 1 万 t，共有营业人员 120 人。到 2006 年 6 月，产量达到每月 7 万 t，营业额 11458 万美元，只用了 47 个营业人员，这就是管理制度的作用。

任务三　从我做起，践行 6S 管理

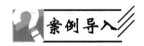

任务目标

掌握 6S 活动的内容及如何检查；充分认识 6S 管理在现场管理中的作用。通过学习，完成任务实施中的内容。

案例导入

"三一"董事长梁稳根注重加强管理，提升员工素质

2009 年 3 月 25 日上午，梁稳根董事长突击检查厂房 6S 工作。走到泵送冷作车间转塔座工位时，梁稳根问正在进行焊接作业的焊接工人："你们有作业标准书吗？"

"有。"小伙子回答得很快，随即从工具柜里找出《转塔座生产作业标准》给董事长看。

"你说说，转塔座作业主要有几个关键控制点？"车间内机器轰鸣，梁稳根一边翻看作业标准，一边大声地问焊接工。

"预热、轴套尺寸和焊缝外观成形。"小伙子回答得很迅速。临走时，梁稳根握着焊接工的手说："小伙子，加油！"

作业标准只是梁稳根此次检查的内容之一，检查厂房 6S 管理是他此行的主要目的。从北厂区到南厂区，再到东厂区，梁稳根检查了 12 个厂房的 6S 情况。

8 号厂房，是梁稳根检查的第一站。在厂房内，梁稳根看到作业现场丢放着大量管形物料和臂架，行车轨道内有大量土石等垃圾未清理，货架上凌乱堆放着大量呆滞物料，托盘上物料摆放混乱，部分区域布满灰尘。这时，梁稳根深深地皱起了眉头。他随即指示相关部门加强现场监管、规范物料管理并立即整改。

检查中，梁稳根细致而严格。每到一个工位，他都要用手去擦拭零部件、工装看是否清洁。在 6 号厂房，梁稳根看着超库存堆置的物料说："呆滞物料占用生产场地，是对生产资源的浪费。"他要求有关部门梳理工作流程，避免库存超限。

从北厂区向南厂区走过来，途经三一大道时，看着干净、整洁的路面，梁稳根的眉头终于稍稍舒展开来。他对随行人员说，如果厂房里像这里一样整洁就好了。梁稳根语重心长地对大家说："加强 6S 管理可以提升员工的素质，这将进而提升国民素质，这是三一的一项重要任务。"

随后，梁稳根还从南厂区一路检查至北厂区的 12 号厂房。这里是起重机制造部和港机制造部的生产车间，也是梁稳根检查的最后一站。整洁的地面，划分明确的作业区域，规范的工装，梁稳根对于 12 号厂房的整体目视化效果表示满意，但是对于局部细节，他仍提出了改进意见。

↘ 想一想

董事长梁稳根加强生产管理的现实意义是什么？

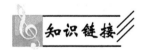

一、6S 的起源

6S 是生产现场管理的方法之一，它起源于 5S。5S 是流行于日本的一种最佳的现场管理方法，是整理（Seiri）、整顿（Seiton）、清扫（Seiso）、清洁（Seiketsu）和素养（Shitsuke）这 5 个词的缩写。开展以整理、整顿、清扫、清洁和素养为内容的活动，称为"5S"活动。

6S 是在 5S 的基础上，又增加了"安全"这一活动内容，使该系列活动进一步得到丰富。除此之外，还有 7S、8S，甚至 10S 的提法，但其真谛是一致的，只是不同的企业，有不同的强调重点。这里仅介绍 6S。

二、6S 活动的内容

1. 整理

整理是指将物品区分为有用的与无用的，并将无用的物品彻底清除，如图 6-1 所示。整理的要点是：

图 6-1 整理

1）对生产现场的现实摆放和停滞的各种物品进行分类，区分什么是现场需要的，什么是现场不需要的。

2）对于现场不需要的物品，诸如用剩的材料、多余的半成品、切下的料头、切屑、垃圾、废品、多余的工具、报废的设备、工人的个人生活用品等，要坚决清理出生产现场。这项工作的重点在于坚决把现场不需要的东西清理掉。对于车间里的各个工作或设备的前后、通道左右、厂房上下、工具箱内外，以及车间的各个死角，都要彻底搜寻和清理，达到现场无不用之物。坚决做好这一步，是树立好作风的开始。

2. 整顿

整顿指整理完成后，合理安排剩余物品放置的位置，整齐排列，并进行必要的标识，如图 6-2 所示。

图 6-2 整顿

整顿的要点是：

1）物品摆放要有固定的地点和区域，以便于寻找，消除因混放而造成的差错。

2）物品摆放地点要科学合理。例如，根据物品使用的频率，经常使用的东西应放得近些（如集中在作业区内）。

3）物品摆放目视化，使定量装载的物品做到过目知数，摆放不同物品的区域采用不同的色彩和标记加以区别。

3．清扫

清扫指彻底清除工作场所的垃圾、灰尘和污迹，如图6-3所示。

图6-3 清扫

清扫的要点是：

1）自己使用的物品，如设备、工具等，要自己清扫，而不要依赖他人，不增加专门的清扫工。

2）对设备的清扫，着眼于对设备的维护保养。清扫设备要同设备的点检结合起来，清扫即点检；清扫设备要同时做设备的润滑工作，清扫也是保养。

3）清扫也是为了改善。当清扫地面发现有飞屑和池水泄漏时，要查明原因，并采取措施加以改进。

4．清洁

清洁指维持整理、整顿、清扫之后的良好局面，如图6-4所示。清洁的要点是：

图6-4 清洁

1）车间环境不仅要整齐，而且要做到清洁卫生，保证工人身体健康，提高工人的劳动热情。

2）不仅物品要清洁，而且工人本身也要做到清洁，如工作服要清洁，仪表要整洁，及时理发、刮须、修指甲、洗澡等。

3）工人不仅要做到形体上的清洁，而且要做到精神上的"清洁"，待人要讲礼貌，要尊重别人。

4）要使环境不受污染，进一步消除混浊的空气、粉尘、噪声和污染源，消灭职业病。

5. 素养

素养意指自律，要求员工每天持续做整理、整顿、清扫及清洁，并习惯地将这些活动视为每日工作的一部分，如图 6-5 所示。

图 6-5　素养

要搞好"素养活动"，一是经常进行整理、整顿、清扫以保持清洁的状态；二是自觉养成良好的习惯，遵守工厂的规则和礼仪规定。素养活动是决定 6S 活动能否产生效果的关键。具体可以从以下几个方面入手：

1）根据生产进度，制订作业指导书、手册，并经常进行对照检查。

2）根据现场的实际情况，使全体人员对规则予以确认。

3）要明确整理、整顿、清扫、清洁状态的标准。

4）要努力养成遵守作业指导书、手册和规则的习惯。

6. 安全

安全指清除事故隐患，排除险情，保障员工的人身安全和生产的正常进行，如图 6-6 所示。

图 6-6　安全

安全的要点是：

1）组织员工学习有关安全文件、企业安全生产方面的要求和安全须知。

2）介绍企业危险区域和危险源。

3）对员工进行一般的电气和机械安全知识教育，掌握工业卫生知识和伤亡事故发生的原因，事故教训及预防事故的基本知识。

4）掌握防火、消毒、防爆知识及紧急情况安全处置和安全疏散知识。

5）掌握本企业的安全生产规章制度。

北海舰队引入"6S"现代企业先进管理模式

2008年11月10日，一位记者从海军鱼雷、水雷技术阵地规范化管理现场会上获悉，一种以"整理、整顿、清扫、清洁、素养、安全"为要旨的"6S"现代企业先进管理模式，被正式引入海军军械保障领域。

在演练现场，该基地司令员刘庚群指着演练现场上一块块醒目的红牌对记者说，这些红牌上，详细登记了保障现场的各种"多余物"，时刻提醒和督促官兵克服过去工具混乱存放、物品摆放无序的陋习。记者看到，在一场无灯光操演中，三级士官吴金水准确无误地将不同型号专用工具递给操作手。他说："原来，扳手常常卷在棉纱里，使用时乱找一通，既浪费时间，又容易出错。现在所有设备、工具都固定位置摆放，用过的废弃物和暂时用不上的工具不允许出现在保障现场，官兵眼前清亮，手下利索，工作效率提高了，差错率降低了。"

记者了解到，推行挂红牌管理以来，该基地共发放红牌300多张，清理各类工具柜270个、货架260多套、设备工具3000多件、腾出有效使用面积约1000m²。

三、6S活动的检查

1. 整理的检查

（1）整体　检查不要的东西有没有散乱，要与不要不明确的东西有没有放置不管，对于不要的东西的处理方法是否正确。

（2）屋外　检查推车、承板、容器有无未处理的。

（3）作业现场　检查作业台、机器上有无不要的东西，柜橱、衣柜里有无不要的东西。

（4）地面　检查角落、设备等后面是否放着不要的东西，有无不使用的推车、大型专用工具，产品和工具有没有直接放置于地面上。

（5）抽屉、货架　检查是否放入了工具类中不要的东西，是否放入了私人物品。

（6）文件　原版另外存放的文件不需保存，一次性使用的文件不应保存。

2. 整顿的检查

（1）整体　是否决定且标示了放置场所，遵守了直角、平行原则，有无危险的放置方法。

（2）加工品　是否规定了标准的加工量，是否规定了加工品的放置场所，是否明确了表示加工品的名称和数量。

（3）材料部仓库　货架有无顺序标识，货架里的货物、物品有无品名标识，容器上有无品名、数量的标识。

（4）作业现场　有无通路标识，标识物是否容易看见，地面上是否有突起物，是否有滑的地方。

3. 清扫的检查

（1）地面　通道的区分线是否明晰，是否有表示推车、加工品放置场所的区分线，是否因纸屑、尘埃、油而弄脏。墙角、底板、设备下应为重点清扫区域。

（2）机械、装置

1）是否因粉尘和油而弄脏。

2）其上面、内部、下部是否弄脏了。

3）其标志是否弄脏了。

4）通过清扫是否发现了细微缺陷。

（3）作业现场 在货架和作业台上是否积存垃圾，照明器具、无尘房内是否积存灰尘，垃圾箱、桶内外是否清扫干净，有无泄漏现象。

4. 清洁的检查

（1）地面 水和油是否有时流出，并积留着，是否有必要进行杀菌的工作。地面应定时打扫，保持无灰尘、无油污。

（2）天花板、建筑 天花板的窗户是否有漏雨，是否有充足的采光和照明，厕所的水排得是否畅通，厕所有无臭味。

（3）作业现场 作业台和抽屉里有没有放了食物或残渣，有没有异常的噪声和振动。工作鞋、工作服应整齐干净；作业者要按规定和要求扎头发；装配机械本体应保持无锈、无灰尘、无油污；清洁柜、清洁用具应保持干净。

5. 素养活动的检查

（1）日常 6S 活动检查 企业里是否成立了 6S 小组；全公司是否经常、反复开展有关6S 活动方面的培训、交流、宣传；企业是否经常宣传 6S 的意义，有计划实施；上级领导是否对 6S 很重视，并身体力行；全体员工对实施 6S 对于企业和个人的好处是否都非常明确，热情高涨。

（2）服装检查 是否穿戴规定的工作服上岗；服装是否整洁，干净；鞋子是否无灰尘；如需戴手套，按要求将手套戴好；厂牌等是否按规定佩戴整齐，充满活力。

（3）仪表检查 是否仪表整洁，充满朝气；是否勤修指甲；是否勤梳理头发，不蓬头垢面。

（4）行为规范检查 能否遵守公共场所的规定；工作态度是否良好（有无谈天、说笑、擅自离岗、看小说、呆坐、打瞌睡、吃零食等现象）；是否尊重领导、同事，上下班是否互致问候；是否做到工作齐心协力，富有团队精神；是否做到工作守时，不迟到早退；是否按时完成各项任务；是否在现场张贴或悬挂 6S 的标语；现场是否有 6S 活动成果的展示窗或展示栏；员工是否已经养成了遵守各项规定的习惯。

6. 安全的检查

（1）查制度 查制度就是监督检查各级领导、各个部门、每个职工的安全生产责任制是否健全，并严格执行；安全教育制度是否认真执行，是否做到新工人入厂安全教育和特种作业人员定期训练；对发生的事故是否认真调查，及时报告，严肃处理；安全组织机构是否健全，安全员是否真正发挥作用。

（2）查纪律 查纪律就是监督、检查生产过程中的劳动纪律、工作纪律、操作纪律、工艺纪律、施工纪律。生产岗位上有无迟到早退、脱岗、串岗、打盹睡觉；有无在工作时间干私活，做与生产、工作无关的事；有无不按规定穿戴劳动保护品，在禁烟区吸烟；有无违反操作规程、操作方法、操作纪律，在操作岗位忽视仪表设备、闲扯漫谈、乱打乱闹；有无不按工艺指标操作，超温、超压、超指标，给安全生产造成危险；有无在施工中违反规定和禁令；不经批准乱动设备管道，车辆随便进入危险区，施工占用堵塞消防通道，乱动消火栓和乱接电源等。

（3）查隐患　查隐患指检查人员深入生产现场，检查企业的劳动条件、生产设备和相应的安全卫生设施是否符合劳动保护要求。如车间建筑是否安全，安全通道是否畅通，零部件的存放是否合理，各种安全防护设施的管理情况，电气设备、化学用品等的使用与管理，粉尘及有毒有害作业点的达标情况，车间内的通风照明设施，个人劳动防护用品的使用是否符合规定等。要特别注意对一些要害部位和设备加强检查，如锅炉房、变电所、各种剧毒、易燃、易爆场所等。

一个企业的 6S 管理纪事

国航成都维修基地附件部认真落实基地"从严从紧、保障安全、精细化管理、提升品质"的要求，将 6S 管理作为精细化管理项目。

在 6S 管理之初，有人将"整理、整顿、清扫、清洁"（两整两清）简单认为是"大扫除"，是"小题大做"。事实证明，"两整两清"是实施标准化、规范化、精细化管理的一个重要环节。例如，以前生产现场的工具，有个人使用的、有公用的，有尖嘴钳、鱼口钳、加力杆、转接杆等，大大小小，种类不少，件数更多，仅扳手就有 7 种、11 件，全部放在工具箱里，计量器具正、负线难免搅在一起，不便于清理和使用，遇有大检查就清理一次，平时"忙于"工作，这些细节自然就被忽略了。如果不实施 6S 管理，让这种状态继续存在会带来很多隐患。"两整两清"后，以上情况得到根本性改变。例如，电子分部的电瓶间，你可在任何时候，查看任何个人或公用的工具，都是整整齐齐，一目了然，定置定位，账物相符。"两整两清"把在用和不用的工具进行清理，把使用频率不同的工具进行了区分。现在取用方便，责任明确，安全有保障。这看似简单，却要一留一弃，保留所需，定置定位，一一对应，分类摆放，统一标识，规范管理，它需要把很多细节的事情做到位，而且要天天检查，随时保持，养成习惯。

通过 6S 管理，员工们亲身体验到："现在修理间更加清晰明了、干净整洁；工作时不慌不忙，井井有条，我们不用为找工作单、设备保养记录而将抽屉翻个底朝天，不会再看到同事们焦急地找夹具的身影，大大提高了工作效率""工作环境变得更加整洁有序，每天打扫卫生已成为习惯，所有机件、工具、设备等都能按要求进行定置摆放，给人以赏心悦目的感觉。"

四、6S 在现场管理中的作用

1）改善和提升企业形象。

2）营造团队精神。

3）降低生产成本。

4）减少直至消除故障，保障品质。

5）改善员工的精神面貌，使组织充满活力。

6）保障企业安全生产。

7）缩短作业周期，确保交货，提高效率。

任务实施

在许多制造企业的工作现场，我们常可以看到工具、模具凌乱摆放，机器设备布满灰尘且未定位，原材料、半成品、在制品、成品、不良品、辅材摆放杂乱无章，未加以合理安置且标识不清，作业区、物流区、办公区未明确规划，个人衣着不整，士气低落，浪费现象和安全隐患随处可见。

请思考，如何解决这些疑难杂症？同时将表 6-3 的内容补充完整。

表 6-3　6S 的内容及检查

序号	6S 的内容	检查的内容	我的 6S 践行计划
1			
2			
3			
4			
5			
6			

职业生活小贴士

企业要发展必须有良好的外部环境，但任何外部环境的改善都不能取代企业的内部管理。企业必须练好内功，固本强基，向管理要效益，在管理中求发展。企业内部管理之要义在于内部管理的制度化，大凡成功的企业都有一套系统、科学、严密、规范的内部管理制度。

——盛田昭夫（索尼创始人）

思考与练习

1. 列举企业文化的含义及特点。
2. 企业文化的作用有哪些？
3. 现代企业制度的内容是什么？
4. 如何理解 6S 活动的内容？

项目七　职场心理调适

项目引言

　　踏进纷繁复杂的大千世界，开始多姿多彩的职业生活，完成由学生到职业人的角色转变，是很多中职学生的急切想法。但是，俗话说："未晚先投宿，鸡鸣早看天，兵马未动，粮草先行。"这些生活的常理告诉我们：无论做什么事都要事先安排，提前计划，早做准备。中职学生从学校走向工作岗位，开始自己的职业生活就是一次挑战。在就业前只有形成对职场的正确认知，做好能力、心理的调节和适应等方面的准备，才能在面对挑战时积极应对，从而迈好职业生活的第一步。

项目目标

1. 学会分析自身职业压力的来源，掌握化解职业压力的方法。
2. 调节就业心态，面对职业生活。
3. 找准角色定位，主动调适不良就业心理，加快职业适应。

任务一　找寻应对职业压力的方法

　　正确认识自身所面临的职业压力，学会分析压力的来源。通过学习，能够主动并积极地寻找适合自己的压力调试方法。

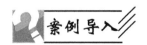

当压力来敲门

　　王力是机械制造专业的学生。毕业的那一年，通过努力，在一家铸造加工企业找到了工作，做了一名钳工。由于他积极认真，踏实肯干，成绩很突出，经常受到部门领导的表扬。但是，就在半年前，王力所在的企业进行了改制和重组，单位的管理制度、工资分配和人事安排等方面都出现了较大的变动：曾经对他很照顾的师傅和同事相继离开；工资收入不升反降；裁员危机四伏……王力屡次出现工作失误。看着部门领导不满的眼神，他越来越紧张、焦虑，感觉自己没有能力，充满了自卑，后来发展到失眠、情绪焦躁。领导屡次找他谈话，同事关系也变得很紧张。

➥ 想一想

面对目前的状况，王力该怎么办？如果让你去劝王力，你想说些什么？

一、认识职业压力

压力是对精神和肉体承受力的一种要求，它的积累会降低人们的工作效率，影响身心健康。所以，能够从事自己喜欢并擅长的职业，并且学会调适自己的职业压力，对中职生尤为重要。职业压力是指职业环境中的威胁性刺激的持续作用而引起的个体的一系列心理、生理和行为的紧张状态。职业压力又称为职业应激、工作应激或工作压力。如就业竞争激烈、超负荷工作、岗位目标过高使体力精神双重透支等。职业压力的作用具有两重性，大量的现实研究表明，职业压力的消极作用甚于积极作用，如果处理不当，很容易形成职业心理问题，影响职业心理健康。

职业压力的消极作用表现在：

1）认知障碍，不能集中注意，难以承受工作压力，情绪困扰，自卑和感觉受歧视。

2）焦虑抑郁，忧虑和失落感，感觉职业前途暗淡，缺乏自我控制力。

3）不良爱好（如酗酒等），暴力倾向，自杀念头。

4）环境适应困难，人际关系困难，文化冲突。

但是，从积极作用来看，适度的压力可以使人注意力集中、思维反应敏捷、机体活力增强而提高活动效率，降低错误发生。中职生较早地开始接触社会，生活圈子逐渐扩大，心理压力的来源也更加广泛。这些压力不仅来源于学业方面，更有对职业前途的担忧，以及就业初期的适应等方面。所以，面对压力的时候，我们应该分析这种压力的来源是什么？有哪些因素是我可以改变的，我是否有改变的能力，是现在改变还是未来改变。这样，才可以找到释放职业压力的方法。

二、调适职业压力的方法

1. 寻找压力源

所谓压力源，就是那些导致我们身心紧张状态的情境或事件，例如工作量较大、职业发展前景暗淡、人际关系紧张、情感问题等。弄清楚压力的来源后，就可以采取有效的行动来应对压力。如果是知识欠缺造成压力，那么就去充电；如果在人际关系方面，那就多向有经验的人学习，不断地弥补自身缺点，提高自己的职业素质来克服职业危机，在职场上获得安全感，有效减轻职业压力。

在目标中寻找快乐

一群年轻人到处寻找快乐，但是遇到了许多烦恼、忧愁和痛苦。他们向苏格拉底询问："快乐到底在哪里？"

苏格拉底说："你们还是先帮我造一条船吧。"

年轻人暂时把找快乐的事儿放到一边，找来了造船的工具，用了七七四十九天，锯倒了一棵特大的树，挖空树心，造成了一条独木船。

独木船下水了，年轻人把老师请上船，一边荡桨，一边高声唱起歌来。

苏格拉底问："孩子们，你们快乐吗？"

学生齐声回答："快乐极了！"

苏格拉底说道："快乐就是这样，它往往在你为一个明确的目标忙得无暇顾及的时候突然来访。"

2. 重新定义，调整心态

重新定义是一种重要的思考方式，就是换一个角度，用正面的思维去找到积极的情绪。下面就是一些中职毕业生的"麻烦"。在没有重新定义的情况下，大多数毕业生在遇到下面事情的时候会出现负面的情绪：

● 我的沟通能力不佳，不知道做什么工作好。

● 领导很挑剔，总是看我不顺眼，真是烦死了。

● 同事太难相处，一直对我指手画脚，说三道四，实在不行就换个地方吧。

● 这份工作的工资待遇很差，可是中职毕业又能找到什么像样的工作呢？闹心。

实际上，我们可以重新定义上面的负面情绪：

● 我的沟通能力不佳，但是我一定要努力锻炼、提升，也许我可以从事自由职业、技术类职业等。

● 领导很挑剔，这磨练了我的意志，也让我看到了自身一些不足的地方。

● 虽然那个同事很难相处，我是否可以退让一步，找到和他共同的志趣或话题。

● 中职学历的事实不可回避，由于学历的局限，工资待遇差也是情理之中的。但是，对于我们来说，积累经验和提高职业素养是最为迫切的。

经过重新定义后，也许事实仍然存在，但是心理的负担却会减轻许多，这是减负和释放压力的重要方法，凡事往积极的方面去定义，调整心态，冷静地思考问题，形成习惯，慢慢地自然会轻松地面对压力。而且，人在没有压力的状态下更能充分发挥自己的能力，更容易做好每一件事情。

3. 调整自己的工作期望值

假如你是一个追求完美的人，总是希望自己的工作做得十全十美，而事实上，工作的结果让你很失望，那么，你就要正视现实，调整自己的工作期望值，修正完美主义观。要客观评价自我，正确定位，为自己设定的目标要与个人学识、能力和精力相吻合。过高的目标只能使人徒增压力感和挫折感。

林跃的自主创业之路

林跃是一名个子特别小的女生，学校的钳工实习课她都必须站在凳子上才能进行操作，可她性格开朗，积极乐观，同学们都亲切地称她为"向日葵"。毕业时，老师和同学们都为她能否找到工作着急，她却笑着说："我一定会有单位录用的。"但让大家担心的事情还是发生了，几乎所有单位都以身高不够等理由拒绝了她，只有几家小型企业愿意录用她，可她不想去。在很长的时间里，她一度对自己很失望，压力特别大。出乎意料的是，3 年以后，当她回到学校拜访老师时，她自己在镇上已经办起了修配厂，而且效益可观。她说当遇到就业的种种压力后，估计很难被用人单位接受，只能寻找其他出路，最后决定利用自己专业技术走一条自主创业之路。她先借钱买了两个冰柜做起了冷饮生意，一个夏天就赚了 5000 多元，然后揣着这点钱到市中心的大学旁租了一间小屋，做起了废品买卖。两年下来，积累了一些资金，看着农用机械开始普及，而乡镇离市中心较远，修理、配件不是很方便，于是就买了两台旧设备，请了两名帮工，自己做师傅，开起了修配厂，现在修配厂的生意很红火。她开心地说："适合自己的才是最好的！"

4. 勇于改变自我

职业竞争就是个人能力的竞争，压力是在个人能力不能成功应对工作需求时的一种威胁。所以，不断吸收新知识、新信息，不断充电，提高职业能力，主动改变自己的行为，转变认知，使自己应对自如，是减轻职业压力感的好策略。

5. 积极参加体育运动

体育运动不仅能增强体质，还可以消除压力反应中产生的荷尔蒙等物质，宣泄累积在身的不良情绪。当体育运动成为每天生活的一部分，会使人充满活力，精力充沛，状态良好。锻炼健身无疑是释放职业压力的一种有效途径。

此外，做一些工作之外，带有创造性的、自己感兴趣的事，如听音乐、唱歌、跳舞或登山、郊游，同样可以用来调节来自工作的紧张情绪和放松身心。

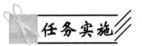

任务实施

生活中每个人都要面对各种各样的压力，只有了解压力的来源才能做积极的应对。下面，我们一起来寻找适合自己的压力调适方法，见表 7-1。

表 7-1 压力调适方法

我的职业压力主要来自……	我的应对方式……
1. 不能客观认识自我	1. 大运动量的体育运动
2. 同事间的竞争	2. 找朋友倾诉
3.	3.
4.	4.
5.	5.

职业生活小贴士

1. 自然力量舒缓压力法

1）望云。没事的时候看一看蔚蓝的天空，眼睛一直看到云端的背后，就好像要望进无尽的宇宙一样。望穿云，一直望到宇宙的尽头，你会突然间有种感觉——人很渺小，这个无穷无尽的宇宙里面充满了奥秘。这其实也是一种修身养性的方法，就是把你的压力慢慢地放开。

2）穿海。对着海河湖泊一直望，望到水的里面去，好像一直望到水底一样，这会让你体会到很多人生的秘密。

3）抱树。心情不好、压力很大时，找一棵很大的树去抱。抱着一棵一两百年或千年的树，10分钟以后你就会感觉到这棵树的生命力，感觉到这棵树里面有一种气，好像可以慢慢地渗入到你的心里去。

2. 职业心理测试：测一测你的压力承受能力

也许你很久没骑脚踏车了，但不妨想一想你喜欢或者正使用的脚踏车应该是哪一款？

A. 轻便型脚踏车　　　　　　B. 电动脚踏车　　　　　　C. 变速脚踏车

答案解析：

选择A的人：压力承受能力50%。轻便型脚踏车最大的特点就是无论什么路面，骑起来都比较轻便轻巧，对于骑车的人来说自然省力不少。选择这项的人，需要在日常生活中更多地锻炼压力承受的能力。

选择B的人：压力承受能力20%。把它归类于脚踏车的行列是因为它还有两个踏板。只要有足够的电力，骑车的人可以毫不费力地行驶在马路上。选择这个选项的朋友，你对于压力可以说是非常敏感。

选择C的人：压力承受能力80%。相信很多人都喜欢它能够随时随地变速的特点。骑车的人可以以不同的方式让自己轻松度过。正如这款车的特点一样，你对于压力有着良好的调节能力。你会非常理智地判断出何种压力对于自己是有利的。而当压力过大时，你优秀的调节能力就体现出来了。

任务二　有效运用克服职业

倦怠的激励方式

 **任务目标**

认识影响工作效率和生活质量的不良心理状态——职业倦怠，掌握克服职业倦怠的方

法。通过学习，主动寻找适合自己的克服职业倦怠的激励方式，营造良好的职业心态。

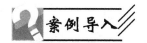

只要工作不出错

中职毕业后，美玉在一家知名调研公司做调研工作，这份工作和她所学的市场营销专业对口，又与她的兴趣相投，她一度非常喜欢。可 3 年时间过去，她发现当初的工作热情已消失殆尽，她觉得每天的工作都大同小异，提不起任何兴趣。"我不想工作，工作上就想着只要不出错就万事大吉了！" "我才不到 25 岁啊，怎么工作起来就像个老人一样，不想创新，不想变化，连跳槽的勇气都没有。"美玉说，3 年来她的职位没有任何变化，她也懒得学习新东西，因为自己具备的现有知识，应付当前的工作已经绰绰有余。"要不是顾虑爸妈的心思，我早就辞职了！"

↘ 想一想

美玉为什么会有如此强烈的厌倦情绪？她该怎么办呢？

一、认识职业倦怠

一个人长期从事某种职业，在日复一日重复机械的工作中，渐渐会产生疲惫、困乏，甚至厌倦的心理，在工作中难以提起兴致，打不起精神，只能依靠着一种惯性来工作。这种心理就是职业倦怠。

职业倦怠症又称职业枯竭症，它是一种由工作引发的心理枯竭现象，和肉体的疲倦劳累不同，它源自于心理上的疲乏。它是人们在紧张的工作中受环境、情感等因素的影响而出现的一种身心不适、心理衰竭的亚健康状态。

职业倦怠症主要有以下症状：

1）对工作丧失热情，情绪烦躁、易怒，容易对前途感到无望，对周围的人、事物漠不关心。

2）工作态度消极，对服务或接触的对象越发没有耐心、不柔和。例如，教师厌倦教书、无故体罚学生，医护人员对病人态度恶劣等。

3）对自己工作的意义和价值评价下降，常常迟到早退，甚至打算跳槽或转行。

二、职业倦怠产生的原因

加拿大著名心理大师克里斯丁·马思勒将职业倦怠的人称为"企业睡人"。据调查，人们产生职业倦怠的时间越来越短，有的人甚至工作半年到 8 个月就开始厌倦工作。因此，对于刚刚步入职业门槛，缺乏经验的中职毕业生来说，职业倦怠的干扰和危害也如影随形。

诱发职业倦怠的因素大致有以下几种：

1）从事压力过低、缺乏挑战性的工作。

2）缺乏对自我的全面认识，没有找准适合自己的个性和能力的职业。

从"孩子王"变成"怨妇"

小灵在幼儿园工作 10 年了，感到一年比一年累，耐心一年比一年少，对班级里的孩子比较烦躁，对自己的孩子也是一样。有时候也感到愧疚，孩子是无辜的，可是自己的情绪常常不稳定。因为她不想一辈子待在幼儿园里，尤其随着年纪越来越大，情绪越来越不稳定，她从一个活泼爱岗的"孩子王"变成了焦虑唠叨的"怨妇"。

3）盲目跟从，缺乏主见，造成职业错位。

找不到好工作的刘军

毕业仅一年的刘军在家焦急地等待学校第三次安排就业。第一次是一家大型企业来校招聘，他看班上的同学大都报了名，性格内向的他怕以后进厂熟人太少，就跟着去了，谁知和他要好的几个同学都没能分到一个车间，工资也不高，两个月以后他辞工回家了。第二次是父母托熟人找的小型公司，工资待遇较好，但他去了才知道，在公司里除了要完成本职工作之外，还有许多杂事要做，例如帮老板取邮件，老板不在时招呼一下客人等。他很努力，但不善于与人打交道，一天到晚都感到很紧张，只干了 1 个月，就回家了。现在的他，一想到就业就一头雾水，烦心得很，"我在学校里成绩也不错，曾经在技能操作方面名列前茅，为什么那么多的同学都能干好工作，而我就是干不好呢？"刘军的问题就在于缺乏主见，没有给自己一个正确的定位。

此外，工作负担过重、缺乏工作自主性、薪资待遇不合期望、职场的人际关系紧张、强烈认为单位待遇不公或是和单位的理念不合，也都会变相引发职业倦怠。

三、克服职业倦怠的方法

尽管职业倦怠不是病，但是它对我们的负面影响是很多的，所以，我们就要积极主动地去应对职业倦怠，重新找回对工作的热情，努力营造良好的职业心态。

1. 全面认识自我，充分认识自身价值

要充分认识自我价值，了解自身的优势与不足，预测自己职业倦怠的征兆，对可预见的诱发倦怠因素，如工作量较大、目标过高、工作中的人际关系压力等进行自我调整，主动设置缓冲区，从而避免这些因素给自己带来生理和心理上的不良影响。例如，有的学生不想当蓝领技术工人，总希望有一个轻松一点和体面一点的工作。一旦未能如愿以偿，就容易出现消极怠工，混日子的状况。所以，我们的中职毕业生迫切需要立足于根本，找准职业定位，避免就业后的一系列不良表现。

2. 提高自身素质，增强职业倦怠的免疫力

每一个毕业生在就业前都会对自己将要从事的工作进行美好的憧憬。从心理学的角度来说它是一种积极的心理暗示，但在此时心理暗示并不是最重要的。当务之急是对自己进行心理评估

和技能充电。一方面要努力提升心理素质，为将来的职场生活做好积极储备。另一方面要努力提高专业技能，拥有了过硬的技能，工作起来才会更加得心应手，才能增强应对职业倦怠的能力。

3. 寻求积极的应对方式

1）运用心理暗示的策略。暗示对人的心理和行为产生着很大的影响。积极的暗示可以帮助我们稳定情绪、树立信心及战胜困难和挫折的勇气。当在工作中遇到麻烦、阻碍和挫折时，要用言语反复提醒自己："别慌，一定会有解决的方法。""积极的生活态度比生活本身更重要。"当面对孤独、寂寞、缺乏成就感的工作环境时，要学会奖励自己，为自己喝彩："我做得很不错，努力啊。"经常在这样的自我暗示下，无论在顺境还是逆境，都能够鼓足勇气，全力应对。

2）换个角度，多元思考。遇到挫折时，要善于从多个角度思考问题。可以运用自我安慰的策略："条条大路通罗马"，"东方不亮西方亮"，"旱路不通水路通"……不能过度地否定自己，要学会欣赏自己，善待自己。

3）积极参加体育锻炼。运动能够调剂人的情绪，引发好心情，它起到宣泄不良情绪，保持心态平衡的作用，例如，游泳、跑步、打球等都是很好的运动方式。

4）主动寻求同伴支持。在工作和生活中遇到的阻碍、困难、挫折要敢于讲出来，可以主动地向同事、家人、朋友倾诉，听听他们的意见和建议，寻求他们的情感支持，这也是缓解压力，远离倦怠的好方法。

5）及时充电。职业倦怠在很多情况下是一种"能力恐慌"，这就必须有计划地为自己制订"充电计划"，以适应来自工作环境和社会环境的压力。

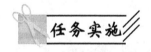

职场激励是应对职业倦怠的有力武器，下面就请写下你可能遇到的职业倦怠表现，并主动寻找适合自己的自我激励的方法，见表 7-2。

表 7-2　自我激励的方法

我的职场初体验	我的职场激励方式
1. 每天都去面试，啥时候是头啊，找工作真没劲	1. 把握好情绪，积极等待，"野百合也有春天"
2. 总是重复做同一件事情，离开这个职位我什么都做不了	2. 那就勇敢地离开这个"舒适区"吧
3.	3.
4.	4.
5.	5.

职业生活小贴士

职业心理测试：了解自己的"倦怠情况"：

1. 你是否感觉工作负担过重，常常感觉难以忍受，或有喘不过气的感觉？

A. 经常　　　　　　B. 有时会　　　　　　C. 从来不会

2. 你是否觉得缺乏工作自主性，往往老板让做什么就做什么？

　　A. 经常　　　　　　B. 有时会　　　　　　C. 从来不会

3. 你是否认为自己基本上待遇微薄，付出没有得到应有的回报？

　　A. 经常　　　　　　B. 有时会　　　　　　C. 从来不会

4. 你有没有觉得单位待遇不公，常常有委屈的感觉？

　　A. 经常　　　　　　B. 有时会　　　　　　C. 从来不会

5. 你是否会觉得在工作中经常发生和上司不和的情况？

　　A. 经常　　　　　　B. 有时会　　　　　　C. 从来不会

6. 你是否觉得自己和同事相处不好，有各种各样的隔阂存在？

　　A. 经常　　　　　　B. 有时会　　　　　　C. 从来不会

7. 你是否经常在工作时感到困倦疲乏，想睡觉，做什么事都无精打采？

　　A. 经常　　　　　　B. 有时会　　　　　　C. 从来不会

8. 你是否以前很上进，而现在却一心梦想着去度假？

　　A. 经常　　　　　　B. 有时会　　　　　　C. 从来不会

9. 你是否在工作中碰到一些麻烦事时，会急躁、易怒，甚至情绪失控？

　　A. 经常　　　　　　B. 有时会　　　　　　C. 从来不会

10. 你是否在用工作餐时感觉没食欲，嘴巴发苦，对美食也失去兴趣？

　　A. 经常　　　　　　B. 有时会　　　　　　C. 从来不会

11. 你是否对别人的指责无能为力、无动于衷或者消极抵抗？

　　A. 经常　　　　　　B. 有时会　　　　　　C. 从来不会

12. 你是否觉得自己的工作不断重复，而且单调乏味？

　　A. 经常　　　　　　B. 有时会　　　　　　C. 从来不会

计分方法：把各题的得分相加，选 A 得 5 分，选 B 得 3 分，选 C 得 1 分。

测试结果：

12～20 分：很幸运，你还没有患上职业倦怠症，你的工作状态不错，继续努力吧。

21～40 分：你已经开始出现了职业倦怠的前期症状，要警惕，请尽快调整，你需要对自己的职业状况进行反思和规划，以提升你的职业竞争力。

41～60 分：你很危险，你对现在的工作几乎已经失去兴趣和信心，工作状态很不佳，长此下去极不利于个人的职业发展，最好尽快向职业规划方面的专家求助。

任务三　摆脱职场网络拖延症

任务目标

正确认识"网络拖延症"并不是一个严格的心理学概念，它只是近来网络上流行的一个词，但是它却可以极大影响人们的生活质量和职场业绩。理解网络拖延症产生的原因和心理基础并掌握摆脱它的有效方法，努力做一个对自己有足够掌控力的职场新人。

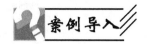

工作和网络

李林是一名有着一年工作经验的职场新人。最近一段时间，她发觉在工作中经常会"溜号"，明明是在为一个新的策划项目上网找资料，却开始浏览网页，一会看看新闻，一会逛逛淘宝，一会又玩会小游戏……等到自己意识到还有工作的时候就告诉自己，再等等，过会再"言归正传"。结果，这一过会大半天过去了，搜索资料没有任何进展，也很自责。可是等到明天上班之后，昨天的情况再度出现。到最后该上交策划案时，草草了事，遭到上司的批评，工作前景很不乐观。

↘ 想一想

李林为什么会出现这样的结果？她该怎么办？

一、网络拖延症的由来

伴随着互联网的发展，人们花在网络上的时间越来越多，而人们的注意力也极其容易被分散，部分人的网络拖延症便由此产生。

网络拖延症是指日常工作、学习大多离不开计算机，每天几乎都要启动计算机、登录网络，却常常被网络信息"诱惑"，从而把该做的工作、学习推后及拖延。

据研究发现，20%的人认为自己是长期拖拉的人，在平常生活中事事皆可"拖"。虽然拖延症看起来是一种日常行为现象，很多人不把它当作严重问题，但它其实是自我调节的一个重要问题，若不防治拖延症，可能会造成严重的危害。

二、网络拖延症产生的原因

1. 网络是罪魁祸首

"打开计算机，聊天、浏览网页、玩玩游戏或看下视频，工作还没开始做，半天就过去了。"有同样经历的职场人不在少数，这部分人的日常工作大多离不开计算机，每天的工作几乎都从启动计算机、登录网络开始，却常常被网络信息"诱惑"，从而把该做的工作推后、拖延。据职场人反映，信息量庞大、更新换代快、没有时间限制、可供消遣娱乐或打发时间的网络已成为不少职场人逃避工作的借口，被职场人认为是"拖延症"的罪魁祸首之一。

2. 不自信易逃避

"我还没有做充分的准备""再给我一些时间"，这些话语都来自于网络拖延症的人群。专家认为，这部分职场人实际上很在意别人如何看待自己，他们更希望别人觉得他时间不够、不够努力，而不是能力不足。从心理层面分析，部分人对工作能力不自信是导致拖延行为的一个重要原因。专家认为，工作上曾遭遇过重大挫败、对自己不够自信的人，容易产生逃避心理，常以疲劳、状态不好、时间充足等借口来拖延工作进度。

3. 任务重复缺乏工作动力

"日复一日的工作，工作任务经常重复、没有挑战性，却不能由自己来把控，必须去做。而你做起来觉得没有新鲜感或满足感，久而久之就容易出现懒散、拖延的情况，这属于动力问题。"其实，工作拖延表面上是意志力不够，实际上还是动力不够。既然不喜欢的工作一定要做，那就等到非做不可时再做，这就造成了拖延。

另外，网络拖延还与个性有关，如自我控制力差、做事随性、优柔寡断或完美主义者，也容易出现拖延的状况。

三、摆脱网络拖延症的有效方法

所有人都很清楚，拖延是阻碍成功的绊脚石，但它却时常出现在我们左右。摆脱网络拖延症，关键还是要靠自己，找出问题所在，对自己的懒惰下狠手。

1. 今日事今日毕，确立详细目标获取动力

今天能完成的工作，就在今天完成，不能总在最后期限才开工。面对一些复杂的具有挑战性的任务时，为避免出现畏难情绪带来的拖延，需要确立明确而且详细的目标体系，然后利用自己的各种能力、资源来达成，助力个人职业发展。

2. 学会理清生活和工作脉络，分清主次

生活中肯定会有一些突发性和迫不及待要解决的问题。成功者花时间在做最重要而不是最紧急的事情，那就要学会评估一件事情的重要程度和紧急程度。把所有事情包括工作分成四个象限，从第一象限到第四象限分别表示重要且紧急、重要但不紧急、不重要但紧急、不重要也不紧急，依次完成。如你发每封电子邮件时不一定要斟字酌句，但是呈交领导的计划书就要周详细密了。

3. 努力消除干扰

在工作或学习时，需要创造一个安静、整洁的环境。关掉 QQ，关掉音乐，关掉电视……将一切会影响你工作效率的东西统统关掉，全心全力地去做事情。

4. 不要给自己太长时间

心理专家弗瓦尔发现，那些花三年或者三年以上完成论文的研究生总能给自己留一点时间放松、休整。花两年时间写论文的人几乎每分钟都在搜集资料和写作。所以，有时候工作时间拖得越长，工作效率越低。不要相信像"压力之下必有勇夫"这样的错误说法。可以列一个设定短期、中期和长期目标的时间表，以避免把什么事情都耽搁到最后

一分钟。

5. 战胜拖延,需要改变自己的思维方式

这并不容易,但不是不可能。改变思维方式,尤其是改变潜意识,最重要的是要改变自我对话的方式。下面是一些自我对话的实用提示(括号里是要丢弃的自我对话方式):

1)我选择/我想要(vs.我必须/我一定得)。

2)这个任务我可以每次做一小步(vs.这个任务太大了)。

3)我今天要开始做(vs.我今天必须完成)。

4)我也可以是平凡人(vs.我必须完美/出类拔萃)。

5)我一定要休息娱乐/休息娱乐是正常生活的一部分(vs.我没空休息娱乐/休息娱乐就是偷懒)。

其实,大多数有网络拖延情况的人也许都还没到严重成"症"的地步,但也或多或少地被它影响了生活,影响了对心中理想的追寻。克服一个问题并不简单,需要自己给自己很多的支持与鼓励,期间也许会有许多的反复,但坚持就会有期待的结果出现。

任务实施

王帅是一名中职三年级的学生,由于面临就业招聘,他也想在招聘过程中得到用人单位的赏识获得一个不错的工作岗位,就决定在接下来两个月的时间里:1)写出一份优质的个人简历。2)对所学的专业课知识进行总结,提高专业素养。想法真的不错,开始的第一周坚持得也挺好,可是接下来,他在找个人简历素材的过程中,经常分心、溜号,一会聊QQ,一会玩游戏,当他意识到的时候,也很自责,但总是告慰自己,还有时间,就玩一小会就不玩了。时间不等人,两个月转瞬即逝,王帅一个想法都没有实现,他对自己很失望!

请帮助王帅私人订制一个摆脱网络拖延症的方案。

职业生活小贴士

拖延症心理测试

明天就要交年度工作总结了,你打开文档,是否文档之内一片空白,没有写上一个字。但是现在的你并不会急躁,心想我还有一晚上的时间,先看看电影……如果你跟上面的情况类似,那么就不要大意,下面是拖延症心理测试,看看你的拖延症有多严重吧。

测试开始:注意下面的问题,选"是"得1分,选"否"不得分。用笔记录下来。

1. 不到最后期限不交活:是　　否

2. 上班时间总在网上瞎逛,快到下班才开始忙工作:是　　否

3. 没工作计划,不懂时间管理:是　　否

4. 总是"伪加班",白天可做完的事,总是拖到下班后加班做:是　　否

5. 总是认为时间还有,不急:是　　否

6. 懒散，日复一日，总想着明天再做：是　　否

7. 每当同事或上司询问工作进展时，经常说"让我再看看"：是　　否

8. 办公室里零食一大堆，上班时间经常吃零食：是　　否

9. 要做事时，脑子里能冒出各种理由：现在先做别的事，这个稍后：是　　否

10. 自我麻痹，还来得及，不行就通宵赶工：是　　否

11. 处理问题不分主次，忙了半天，最紧要的事没做：是　　否

12. 经常因为时间过于紧迫，草草交差，结果被同事或老板责怪：是　　否

13. 厚脸皮，别人怎么催也定力十足，习以为常了：是　　否

14. 从不主动汇报工作：是　　否

15. 团队合作时，同事都面露难色，不愿和你合作：是　　否

测试结果分析：

0—4分：轻度拖延，要当心了，快点找到原因，将它扼杀在萌芽中。

5—11分：中度拖延，它可能已经成为你的一种工作习惯，改变需要时间和耐力。

12—15分：重度拖延，建议重新审视自我，进行职业定位，找一份自己感兴趣和能力特长所在的工作。

如果你有了拖延症，也不用过于担心，下面为你介绍几种调整拖延症的方法：

1）确立一个可操作的目标，而不是那种模糊而抽象的目标。

不是：我要停止拖延。

而是：我要在9月1日之前打扫和整理我的车库。

2）将你的目标分解成短小具体的小目标，每一个小目标都要比大目标容易达成，小目标可以累积成大目标。

不是：我打算要写那份报告。

而是：我今晚将花半小时设计表格，明天我将花另外半小时把数据填进去，再接下来一天，我将根据那些数据花一个小时将报告写出来。

3）为困难和挫折做好心理准备。当你遭遇到第一个（或者第二、第三个）困难时，不要放弃。困难只不过是一个需要你去解决的问题，它不是你个人价值或能力的反映。

不是：领导不在办公室，所以我没办法写计划了。

而是：虽然领导不在，但是我可以在他回来之前先列出工作计划提纲。

4）奖赏你一路上的进步。将奖赏聚焦于你的努力，而不是结果，即便是迈出一小步也是进步。

不是：除非我全部完成，否则我就会感觉哪里不对。

而是：我已经走出了几步，而且我做事非常努力，这感觉很好。

5）留意你的借口。不要习惯性地利用借口来拖延，而要将它看作是再做15分钟的一个信号，或者利用你的借口作为完成一个步骤之后的奖赏。

不是：我累了（饿了/很忙/很烦），我以后再做。

而是：我累了，所以我将只花15分钟写报告，接下来我会小睡片刻。

上面所说的这四个方法，是一种认知调整法，只要你用合理的认知去调整那些不合理的认知，那么你的拖延症就会消失。

任务四　训练你的职场抗挫能力

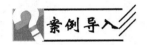

明确自己的职业角色，克服不良的就业心理，掌握战胜职业挫折、提高职业适应能力的方法。自主完成任务实施的内容，在实践中训练抗挫能力，提高职业心理素质。

笑笑的烦恼

笑笑到了工作岗位还不到 3 个月，就经常和同学诉苦：师傅对她总是冷冰冰的，教她技术不是很热情主动，只有她问的时候才给予讲解。她平时工作很努力，却总也得不到师傅的夸奖，但只要犯了一点小错，就得到师傅的责骂，就连比她大 1 岁的小组长都训斥她。她身体不舒服，没有人关心她，起来晚了上班迟到一点点就被告知扣工资。笑笑经常回忆在学校的日子，有老师的关爱、同学们的热情，但是在单位就像是一台机器，枯燥极了，没有成就感，更没有归属感。虽然现在的工资不算低，可还没到下次发工资就已经所剩无几了。总之，她感觉到心里很郁闷、焦虑、烦躁，觉得自己真的不想干下去了。

↘ 想一想

笑笑在工作岗位上遇到了哪些问题？你对她有哪些很好的建议？

一、明确自己的职业角色

中职学生圆满完成学业走向社会的某个岗位后，准备开始工作，从这一时刻起，他的学生角色宣告结束，同时又担当起另一社会角色，这时就有一个正确认识角色转换和实现角色转换的过程。

1. 正确认识角色转换

学生角色与职业角色的根本不同主要体现在以下三方面：

（1）社会责任不同　学生角色的主要责任是努力吸收知识，德、智、体全面发展。职业角色的责任，是以特定的身份去履行自己的职责，依靠自己的本领或技能去为他人服务。两种责任的履行所产生的后果也是有区别的。学生角色责任履行的如何，主要关系到本人知识掌握的多少和能力培养的程度；而职业责任履行的如何，影响到的范围更广。人们在评价职业角色时总是和单位密切联系在一起的，总是将其作为身负重任的工作人员来看待。

（2）社会规范不同　学生规范多是从培养、教育的角度出发，促使其以后能顺利成长为合格的人才，如怎样遵守学校的规章制度，怎样待人接物，怎样做人等。社会赋予职业角色的规范，则因职业的不同而不同。

（3）社会权利不同　学生角色的权利主要是依法接受教育，并取得经济生活的保证或资助。职业角色则是依法行使职权，开展工作，并在履行义务的同时取得报酬。

2. 影响中职学生职业转换的因素

（1）依恋性　刚走上工作岗位的中职毕业生，在角色转换中容易出现怀旧心理。学生生活使学生们养成了一种习惯性的学习、生活和思维方式，刚走上工作岗位，常常会不自觉地将自己置身于学生角色的位置，表现出对学生角色的依恋，以学生角色来要求自己和对待工作，以学生角色的习惯方式观察事物和分析事物。

（2）畏缩性　刚步入社会的中职毕业生，在角色转换中还容易表现出一定的畏缩情绪。面对新的环境，一些中职毕业生不知工作如何下手，缩手缩脚，前怕狼后怕虎，怕担责任，怕造成不良的第一印象，工作中放不开手脚，缺乏年轻人的朝气和锐气。

（3）自傲性　一些中职毕业生以为接受了正规教育，已经学到了不少知识和技能，已经是人才了，因此，看不起基层工作，甚至认为自己是大材小用，有失身份。实际上是眼高手低，大事做不了，小事又不做。

（4）浮躁性　一些中职毕业生在角色转换中表现出不踏实、不稳定的特征。一阵子想干这项工作，一阵子又想干另一项工作，对本职工作坚持不下来，缺乏敬业精神。

3. 完成角色转变，适应职业生活

（1）培养自己的独立意识　要学会在处理事情时有主见，经济上不依赖父母，独立地完成各项任务并处理好自己的日常事务，有自己独立的价值观，敢于对自己的言行承担责任，不依赖、不盲从。

（2）改变看问题的角度　把自己看成是社会的一员，理解和适应社会的多元性和复杂性。不再渴望自己是他人关注的中心，学会关爱自己，维护自己的合法权益。把同事、领导、下属看作是具有各自利益要求的社会人，承认人性的多元化，不用自己的价值观苛求他人，善于接纳不同的价值观的人，并与之合作，认同企业的目标是效益的最大化，并自觉服从它的管理方式和管理制度。

（3）学会对自己的职业选择负责　任何时候，无论出于任何原因，一旦我们选择从事某一职业，就应该对该职业承担责任，完成工作任务，恪守职业道德。要明确，即使是无奈的选择，也是一种属于自己的选择。

（4）处理问题注重动机和效果的统一　做任何事情都要有明确的目标，注重实际效果，面对成功和失败的结果，不以自己已经努力了或客观因素不利作为借口，不仅要有良好的动机和愿望，更要多一份理性，学会控制事物向好的方向发展。

（5）处理好学习、工作与身体健康的关系　积极参加企业组织的各项培训和社会上的对自己职业能力有帮助的培训，树立终身学习的观点。注意不断提高自己的技能操作水平，建立良好的人际关系。多观察、多思考，采取积极多样的学习方式从各方面提升自己。但同时注意劳逸结合，保持身体健康。

（6）保持心理平衡，维护心理健康　了解工作企业的人文环境和较为复杂的社会现象，理性对待企业文化中的"潜规则"，能坦然面对工作和人际关系中出现的问题，积极与人合作，处事果断，多提建设性意见，不消极抱怨，谨防不良情绪的困扰，维护心理健康。

二、中职学生的心理不就业现象

1. 心理不就业

心理不就业是一种客观存在的学生心理状态，主要指部分学生由于心智能力不成熟导致不愿或不能就业，或者虽然就业，但由于态度不端正而不能持久。这其中应排除已经有明确目标暂时不予就业的学生，如心理不就业的学生不包括毕业后虽暂时没有就业，但拥有明确的奋斗目标，并且已经付诸实际行动的学生。

心理不就业的学生包括两类：一是主要由于性格原因，如胆怯、不愿吃苦等，毕业后赋闲在家，无所事事，一直没有走上工作岗位。很多学生不愿就业的理由一般是"工作没意思""没心情工作""我还很年轻，玩两年再说"。二是毕业后虽然暂时勉强走上工作岗位，但是从内心并不珍惜工作机会，在工作中没有全心投入，以工作太紧张、不适应环境、人际关系不好和希望再学习等原因随时可能撤离工作岗位，常常是"打一枪换一个地方"，频繁跳槽。

2. 心理不就业的原因

1）有些学生欠缺生存忧患意识，没有自食其力养活自己的观念和责任。这部分学生共同的特点一般是家庭经济状况较好，父母对于子女娇惯、纵容，使其自立意识和能力薄弱，毕业对于他们只是一个形式，而没有实际的价值和意义。

2）有些学生"长大不成人"，缺乏社会责任意识。这部分学生头脑中充斥着自我，考虑就业问题几乎完全是站在个人立场上，虽然在生理年龄上已经是成年人，但是他们的心理年龄远远低于生理年龄，社会化成熟度低，个体责任和社会责任淡薄。如部分学生在选择职业时，往往以自我为中心，以高工资、优环境为目标，贪图生活享受，不愿下车间，不愿从事艰苦行业。

3）错误的职业观。收入水平已经错误地成为学生衡量个人价值的重要标志。

4）没有明确的学习目标。有些学生缺乏内在学习动机，对所学专业知识没有充分消化、吸收形成自己的专业知识系统，对知识的理解是肤浅的，所以部分中职学生对知识和技能的掌握很是欠缺。而用人单位更愿意录用思想觉悟和能力素质水平较高的学生，普遍看重对知识的掌握和领悟，看重人品，况且部分用人单位坚决持有宁缺毋滥的态度，所以，有一部分学生很难在就业市场上有一席之地。

5）有些学生心理抗挫折能力薄弱，依赖性太强。这样的学生由于缺乏自信心，在求职的过程中只要受到打击就会一蹶不振，很难在摔倒的地方重新爬起来，不能有效地分析问题和解决问题，主动、乐观地寻找出路，而是变得怨天尤人或者自暴自弃。

3. "心理不就业"的调节

（1）学会做人比学会做事更重要　现在的用人单位看重专业能力，更看重为人处世的态度，人际交往能力和团队精神。这位学生的经历告诉我们做事要先做人，人品在求职时是非常重要的。大量的实践证明，在职场中，企业领导人首先关注的是员工的做人准则。

良好人格素质的吸引力

某中等职业学校机电专业的毕业生马玉在招聘会上选定了一家电机公司，准备投简历，然而，求职心切的应聘者们争先恐后地将自己的简历往前递，现场秩序非常乱。这位学生实在看不下去，大喊了一声："大家不要再往前挤了，排队好吗？"这时混乱的局面才得到改变。应聘者们才开始按顺序递材料。这位学生发现这家单位的用人标准很高，不少来自重点大学的学生都被拒绝了，而自己只是一名普通的中职生。当他把简历递上去时，招聘者只是问了一句："你是学机电一体化的吗？"然后便说，如果愿意，马上就可以签约，这位毕业生惊异不已，半天才明白过来，一定是自己维持秩序的举动打动了招聘者的心。

（2）拥有专长比热门专业更重要 许多用人单位的人力资源部负责人认为：选择人才不能只看专业，更主要的是看专长和能力，看有没有培养和开发的潜力。他们认为所学专业并不很重要，关键的是看专长是不是符合企业和公司的需要。

小白的成功求职

小白是某中等职业学校电子商务专业的毕业生，随着毕业一天天的临近，她也加入了找工作的人群中，但是眼看离校的日子逼近，她却还没把工作定下来。这时，突然有了一个机会，某市铁路部门要从本市职业学校中选拔几名为中央首长专列服务的特乘人员。小白因在学校表现出色，被学校推荐参加初试。几轮下来，小白仅排在第 40 名，这个位置显然是没什么希望的，最后一次面试时，每个人进行自我介绍，小白对考官说："我尽管是学电子商务专业的，但是我一直在努力学英语，我想用英语来进行自我介绍，好吗？"征得同意后，这个女孩以其良好的心理素质、流利的口语和大方得体的举止，征服了在场的每一位考官，铁道部门领导重新注意到了这位由内到外透着自信和魅力的女孩。最后的结果令小白自己也出乎意料，她入选了。

（3）适应新环境比敢于竞争更重要

1）生理的适应。工作作息时间与原先的校园生活习惯有冲突，例如企业需要倒班或加班，这时你就必须坚持参加工作。

2）心理上的适应。参加工作意味着已经成为一个独立的人，意味着你必须为自己的行为负责任，不像家庭生活和校园生活中，作为子女和学生，你是一个受呵护的对象。进入职场后，你的行为会影响工作成效，这种影响的后果只能由你自己来承担。

3）人际关系的适应。学校中的人际关系相对简单，学生主要接触的就是老师和同学，沟通也比较顺畅，也容易建立纯真的友谊和感情。但工作后接触的人则复杂了许多，有上下级关系，有年龄和性格相差很大的同事，人际关系不像校园里那样简单明了，需要用心观察分析，建立良好的人际关系。卡耐基曾经通过研究分析指出，一个人的成功，只有15%依靠的是他的专业技术，而85%是要靠他的人际关系和为人处世的能力。

4）工作性质与工作环境的适应。工作的任务主要有哪些？需要和哪些人分工合作？对于工作上的要求能否胜任？自己的能力、兴趣和性格是否能适应这个工作？这些都需要去了解并适应。

5）制度上的适应。初入职场的人必须熟悉用人单位的一系列制度，记住违反制度就要受到处罚。

6）文化上的适应。企业文化与学校文化有诸多不同之处，企业面对的客户和合作伙伴，特别强调"服务"与"合作"，客户至上，效率为先。

7）个人生活上的适应。工作同时也意味着生活上的独立，限定了大家的生活状态。这就需要毕业生们学会安排好自己的个人生活。

（4）专注行动比关注知识更重要　现在企业用人已达成一个共识：良好的品质、较强的创新能力和较强的动手能力。例如，海尔集团在平度的600名职工基本是职业学校的毕业生，因为中职生与普通高中生相比有一定优势：动手能力强，进入角色快，具有较高的职业素养，适应能力强，企业与学校的联合办学使岗位针对性强。经过几年的企业锤炼，很多学生的操作技能获得大幅提升。所以，中职生在校期间一方面要做好知识的沉淀，另一方面更要重视专业技能的训练，这样才能发挥自身在职业竞争和从业过程中的优势。

三、学会战胜职业挫折，积极适应职场生活

挫折，职场成功的前奏

李杰从某中等职业学校文秘专业毕业后，在一家民营企业做了一名文员。她非常珍惜这份工作，对工作投入了所有的热情。然而，过了几个月，她开始闷闷不乐，觉得自己的工作压力很大。在办公室里很少和同事说话，即便是遇到了工作中的问题，也不愿向同事请教，而偷偷自己解决。

原来，这种表现是事出有因的。在刚上班不久，主任临出门时交待一位同事发一份传真给客户，可当时大家都很忙，只有她能抽出时间来，于是，她很热情地主动帮那位同事发传真。事实上，李杰从来没有使用过这种传真机，但是她想，既然别人能用，我也能用，自己一定能琢磨出来。可结果传真纸被卡在中间，她用力拉了一下，传真纸撕裂了。当时办公室很静，只听"嗤"的一声，一位同事笑出了声。

李杰当时觉得很丢人，脸涨得通红。幸好另一位同事走过来，帮她把传真发了出去。但是，这次的尴尬经历让她开始谨小慎微，害怕同事私下笑话自己，把自己封闭了起来。

初入职场的中职毕业生，每个人都可能遭遇挫折。例如，你所在的公司突然宣布要裁员，而你可能就在那名单中；每日辛苦的工作，而公司却认为你的付出一钱不值，做出的业绩也被一下子否定掉；虽然付出了很多努力，却发现怎么也不能把你的工作做得很好；换了很多工作，却一直找不到真正适合自己的工作等。这些都是每天都可能发生在我们身边的事。那我们应该怎样应对职场挫折呢？

1. 适度倾诉

寻找合适的对象适度地倾诉，可以将内心的痛楚转化出去。倾诉作为一种健康防卫方法，既无副作用，效果也较好。如果倾诉对象具有较高的学识、修养和实践经验，将会对挫折者的心理给以适当抚慰，使其鼓起奋进的勇气，并引导其朝正确的方向前进。通常受挫者在一番倾谈之后会收到意想不到的效果。

2. 寻找自己的优势

人们在遭受挫折后常常会认为自己就是这个世界上最倒霉的人了。如果这时冷静地看一

下周围的人，就会发现其实还有很多的状况比自己还要糟。通过挫折程度比较，将自己的失控情绪逐步转化为平心静气，同时找出自己的优势点，强化优势感，从而扩张挫折承受力。挫折同样蕴含力量，处理得好即可激发潜力。

3．用平常心坦然面对挫折

当你无法避免职业挫折的时候，关键的是要用平常之心去坦然面对，不能消沉，不能被挫折彻底击垮。这时先要学会理性思考，分析挫折产生的原因，越周详、越具体越好，这时可以细细品味"失败乃成功之母"这句话。然后要学会归纳与总结，找到战胜挫折的好方法。

4．规划职业

职场上的挫折干扰了原有的工作步骤，毁灭了原有的目标。同时也让我们反思，之前所走的道路是否正确，是否真的适合自己，是否按照你的规划，你的意愿在进行。

明丽的成功转型

明丽在职业学校学的是物流专业，毕业后，她认为自由、富有变化的生活更适合自己，所以就放弃职业学校中所学的专业，积极准备去应征时装模特。在一连串的训练后，她终于当上了正式的模特。模特的生活的确比较自由和富于变化，也让她见识到了时尚界的变化，她很享受自己的工作和生活，也觉得很有成就感。但是两年后，她对这种不规律的生活感到疲倦，工作失误越来越多，和老板、同事的关系愈发紧张。一想到上班就有回避的想法。于是，经过一段时间的思考，她决定辞职，并开始准备进修文秘专业，后来，在她的努力下，通过应聘成为了公司文员，过上了有规律和平稳的生活。从事自己喜欢的职业，拥有良好心态的她浑身散发着自信的美丽。

挫折后重新审视自己的职业目标是否合适非常重要。如果大方向没错，那就考虑你的方法或阶段的目标是否合适。值得注意的是，不管当前的挫折处理得怎么样，进行系统科学的职业规划才是我们取得职业成功、少走弯路、少遭受挫折的根本保障。

任务实施

职业适应训练——大树与松鼠

（1）游戏目的

1）随着步入职场，中职毕业生所处的环境发生了极大的变化，及时准确地转换职业角色，适应职业生活至关重要。

2）人要善于抓住机遇，找准自己在社会上的需要。

（2）游戏准备　全体参与人员分为若干个组，每组3人。其中两个人扮演大树，这两个人站着手拉手围成一个小椭圆，另一个人扮演松鼠，站在椭圆里面。主持人与不成组的人员临时待命。

（3）游戏方案

1）随口令"松鼠"，大树不动，松鼠重新找大树，主持人与临时人员充当松鼠。

2）口令"大树"，松鼠不动，原来扮演大树的两个人分开，重新与其他人组成大树，并圈住松鼠。此时，主持人与临时人员充当大树。

3）口令"地震"，大树与松鼠全部重新组合。参与者、主持人与临时人员均可自由选择扮演大树或松鼠。

4）游戏中，落单者寻找落单的原因；游戏后，参与者交流活动的感受。

职业生活小贴士

心理美文：工作无小事

愉快地工作，需要良好的心态，需要对所从事的工作给予足够的重视，无论这是一种什么样的工作。固守自己的本分和岗位，就是做出了最好的贡献，才能更好地适应职业。

一位年轻的修女进入修道院以后一直从事织挂毯的工作，做了几个星期之后她再也不愿意做这种无聊的工作了。

她感叹道："给我的指示简直不知所云，我一直在用鲜黄色的丝线编织，却突然又要我打结，把线剪断，这种事完全没有意义，真是在浪费生命。"

身边正在织毯的老修女说："孩子，你的工作并没有浪费，其实你织出的很小的一部分是非常重要的一部分。"

老修女带着她走进工作室摊开的挂毯面前，年轻的修女呆住了。原来，她编织的是一幅美丽的"三王来朝"图，黄线织出的那一部分是圣婴头上的光环。她没想到，在她看来没有意义的工作竟是这么伟大。

你可能永远都无法看到整体工作的美，但是缺少了你那部分，整体工作就不完整了，就什么都不是了。

社会是由许多大人物和小人物组成的，小人物的重要性有时显得更加重要，大机器也需要小齿轮的配合。所以要知道，没有小事情，没有小人物，他们是平等的，因为他们同等重要。

没有哪件工作是没有意义的，每一个过程都成就了另一个过程，只有环环相扣，整体才会和谐美好。每个人都各就各位，努力尽责并扮演好自己的角色，我们才可以顺利地完成一份共同的责任。

思考与练习

1. 结合自身实际来谈谈自己的职业压力源，并说出应对职业压力的方法。

2. 如何战胜职业倦怠，培养良好的就业心态？

3. 请结合社会职责、社会地位、学习方式、管理方式、评价方式和人际关系六个方面来比较一下学生角色和职业角色的不同。

项目八 运用法律武器维护自身权益

项目引言

　　刚刚接触社会的毕业生，缺少社会经验，对就业法规不了解，容易造成就业的失败或吃亏上当。如签订协议时，没细读约定的内容，对约定的责任、权利和义务没有反复思考、仔细斟酌，认为就业单位难找，只要过得去，先签了再说吧，进入单位以后才发现很多事情是没办法将就的，在就业过程中和就业后合法权益被侵害，不知道如何应对。作为现代社会的劳动者要知法、懂法，做一个理性的职业者，当自己的权益遭到侵犯时，要学会拿起法律的武器维护自己的合法权益。

项目目标

1. 了解《中华人民共和国劳动法》的内容及适用范围。
2. 明确劳动者的权利和义务。
3. 掌握劳动合同的变更、解除、终止的条件。
4. 掌握劳动争议的处理程序。

任务一　熟悉劳动者的权利和义务

　　了解《中华人民共和国劳动法》的立法宗旨和适用范围，掌握劳动者的权利义务。通过学习，完成任务实施的内容，并学会运用法律武器，维护自身权益。

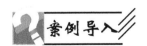

弱势群体的利益谁来保护？

　　某中等职业学校毕业生小陈来到人才交流中心应聘，她连续应聘几家企业，都因为她是女性而被婉言拒绝。终于有一家单位同意聘用她，但要求小陈在 5 年内不能结婚生育，否则就会被辞退，小陈只好放弃了。无奈之下，小陈来到一家很小的制鞋厂打工。那里的工作条件差，工作时间长，小陈经常要加班加点。由于小陈在工作中经常接触含有甲苯的有毒胶粘剂，再加上工作场所通风条件差，小陈经常出现头晕、呕吐等症状，有时甚至晕倒。一次取料时从楼梯上滚下来，右臂粉碎性骨折，治疗了很长时间仍未痊愈，丧失了劳动能力。不能继续工作的小陈没有了生活来源，也没有钱来继续治疗，生活陷入了困境。鞋厂厂主却以合同中没有涉及相关保护条款为由，拒绝付给小陈医疗费及赔偿金。

❧ **想一想**

1. 因为小陈是女性而拒绝聘任她，这样的做法对吗？为什么？
2. 另一家企业要求小陈在 5 年内不能结婚生育，否则就会被辞退，这样的做法合法吗？
3. 鞋厂厂主应该付给小陈医疗费及赔偿金吗？为什么？

一、《中华人民共和国劳动法》概述

《中华人民共和国劳动法》（以下简称《劳动法》）是全面调整劳动关系和规范劳动行为的基本法律，于 1994 年 7 月 5 日第八届全国人民代表大会常务委员会第八次会议通过，自 1995 年 1 月 1 日起施行。

《劳动法》是一部侧重保护劳动者权利的法律，它是中华人民共和国建国后第一部劳动方面的基本法律，它对于保护市场经济条件下劳动者的合法权益，协调劳动关系起着非常重要的作用，是全面规范劳动关系的法律。

在中华人民共和国境内的企业、个体经济组织和与之形成劳动关系的劳动者，适用本法。国家机关、事业组织、社会团体和与之建立劳动合同关系的劳动者，依照本法执行。

二、劳动者的权利和义务

1. 劳动者权利的内容
1）平等就业和选择就业的权利。
2）取得劳动报酬的权利。
3）休息、休假的权利。
4）获得劳动安全卫生保护的权利。
5）接受职业技能培训的权利。
6）享受社会保险和福利的权利。
7）提请劳动争议处理的权利及法律规定的其他权利。

职业再选择不违法

小李是某公司的技术人员，他的才华得到公司的认可。一年后，小李觉得另一家公司更适合自己，就向公司递交了辞呈，公司未做答复。一个月后，小李要求办理辞职手续，被公司拒绝。双方为此发生争执，小李的辞职主张得到了劳动争议仲裁委员会的支持，仲裁委裁定小李与公司解除劳动合同，公司不服，遂起诉到法院，请求撤销仲裁委的裁定，判令小李继续履行劳动合同，并赔偿由此给公司造成的经济损失，理由是双方签订的劳动合同尚未到期。

　　解析： 本案双方当事人争议的焦点是被告小李是否享有辞职权。根据我国《劳动法》的有关规定，劳动者单方解除劳动合同，除了必须以书面形式提前 30 日通知用人单位外，对劳动者行使辞职权不附加任何条件。选择职业的权利是劳动者的一项基本权利，小李提前 30 日书面通知公司解除劳动合同，履行了劳动者的义务，公司应当同意，并应为其办理辞职手续；公司认为小李辞职，给其造成经济损失，要求小李赔偿，因无事实依据，法院不予支持。

　　2. 劳动者义务的内容

　　1）劳动者应完成劳动任务。

　　2）提高职业技能。

　　3）执行劳动安全卫生规程。

　　4）遵守劳动纪律和职业道德。

享受合法权利，履行法定义务

　　李某于 2005 年 7 月就职某公司，从事营业员工作。双方依法签订了劳动合同，合同期至 2008 年 12 月 31 日止。2007 年 3 月李某怀孕，并领有准生证。2007 年 12 月 31 日，李某请产假 3 个月，假期自 2008 年 1 月 1 日起至 2008 年 3 月 30 日止。李某产假期满后没有办理续假手续，也未回公司上班。公司《员工手册》规定："员工连续无故旷工 3 日及以上或 1 年内无故累计旷工 5 日及以上，公司将解除劳动合同。"2008 年 4 月 20 日，李某回公司报到，要求安排工作，公司则以李某连续无故旷工、严重违纪为由解除劳动合同。李某对公司解除劳动合同的决定不服，认为其在哺乳期内受法律保护，公司无权解除劳动合同。因此，向当地劳动争议仲裁委员会申请仲裁，要求公司撤销对其作出的解除劳动合同决定，并继续履行劳动合同。

　　解析： 劳动争议仲裁委员会认为公司有权解除严重违纪员工的劳动合同，裁决驳回了李某的申诉请求。

　　3. 劳动者的权利与义务是统一的

　　1）在社会主义制度下，每一个劳动者都是国家的主人。

　　2）劳动者的主人翁地位是由劳动者享有的基本权利和劳动者履行的基本义务构成的，是通过劳动者的权利和义务体现出来的。

　　3）劳动者的权利和义务是相互依存，不可分离的。任何权利的实现总是以义务的履行为条件，没有权利就无所谓义务，没有义务就没有权利。劳动者在享有法律规定的权利的同时，还必须履行法律规定的义务。

　　4）只有坚持权利和义务的统一，才能充分体现劳动者的主人翁地位。

任务实施

根据所学的内容，将表 8-1 的内容补充完整。

表 8-1　劳动者的权利与义务

劳动者的权利	1. 2. 3. 4. 5. 6. 7.
劳动者的义务	1. 2. 3. 4.
劳动者的权利和义务的关系	

 **职业生活小贴士**

劳动法第三条中"法律规定的其他劳动权利"是指：劳动者依法享有参加和组织工会的权利，参加职工民主管理的权利，参加社会义务劳动的权利，参加劳动竞赛的权利，提出合理化建议的权利，从事科学研究、技术革新、发明创造的权利，依法解除劳动合同的权利，对用人单位管理人员违章指挥、强令冒险作业有拒绝执行的权利，对危害生命安全和身体健康的行为有权提出批评、检举和控告的权利，对违反劳动法的行为进行监督的权利等。

任务二　强化维权意识

任务目标

掌握劳动合同的订立、变更、解除和终止，以及解决劳动争议的程序等内容。通过学习，独立完成任务实施部分的案例分析和劳动争议案例处理情况调查表的填写。

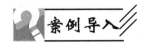

案例导入

订立劳动合同时怎样维权？

从中职学校毕业后，小周经过艰苦的努力，终于在一家私人公司找到了一份合适的工作，他很珍惜这次机会。公司给了他一份预先拟订好的合同，要他回去看看没有问题就签字。小周没敢轻易签字，拿着合同找到了爸爸。爸爸仔细看了合同后，发现其中有许多不合理的条款，例如，公司片面规定劳动者的义务，在工资中扣除培训费，必须先交纳 5000 元保证金，并且规定合同期满后返还，如合同期未满而离职则没收保证金，公司也没有明确是否给小周交应交的保险金。经过爸爸的指点，小周找到公司经理谈了对合同中条款的看法，公司只答应给他上养老保险，其他的都没能达成共识。公司还声称，如果小周不同意公司的条件，可以不与公司签合同，言下之意不雇佣小周。小周这下急了，工作那么难找，如果不答应公司就又失去一次机会，到哪去找另一份工作呢？

恰巧这时，电台举办律师热线活动，小周进行了咨询。律师告诉他："公司的做法是不合法的，按照《劳动法》规定，公司应当给员工上相应的保险，不应当在工资中扣除培训费，保险费的额度也不合理。"小周为难地说："不合理又能咋办？公司说不答应条件，就不聘我了。"律师说："如果公司态度强硬，你可以到劳动监察部门申诉。"

经过协商，公司最后同意了小周的要求。小周用法律维护了自己的权益。

➤ **想一想**

小周的经历告诉我们一个什么道理？如果你是小周，你会怎样做？

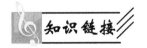

知识链接

一、《中华人民共和国劳动合同法》

《中华人民共和国劳动合同法》（以下称《劳动合同法》）由十届全国人大常委会第二十八次会议（2007 年 6 月 29 日）审议通过，并已于 2008 年 1 月 1 日起正式施行。现行劳动合同法是 2012 年 12 月通过修订，自 2013 年 7 月 1 日起施行。

《劳动合同法》明确规定用人单位自用工之日起即与劳动者建立劳动关系，较好地解决了用人单位不与劳动者订立书面劳动合同带来的问题，有效保障了与用人单位存在事实劳动关系的劳动者享有的各项权利。

《劳动合同法》是《劳动法》的一个子法，它扩大了《劳动法》的适用范围，规定中华人民共和国境内的企业、个体经济组织、民办非企业单位等组织与劳动者建立劳动关系，订立、履行、变更、解除或者终止劳动合同，适用本法。也就是在适用范围中增加了民办非企业单位等组织及其劳动者。

二、劳动合同的涵义、形式、作用

1. 劳动合同的涵义

劳动合同是劳动者与用人单位确立劳动关系，明确双方权利和义务的协议。劳动合同是劳动者保护自己权益的基本形式和书面文件，在维护用人单位合法权益的同时，侧重维护处于弱势的劳动者的合法权益，以实现双方力量与利益的平衡。

劳动关系是指劳动者与用人单位（包括各类企业、个体工商户、事业单位等）在实现劳动过程中建立的、受国家劳动法律、法规调整的权利和义务关系。其权利和义务的实现，是由国家强制力来保障的。建立劳动关系，应当订立书面劳动合同。已建立劳动关系，未同时订立书面劳动合同的，属于事实劳动关系。事实劳动关系与其他劳动关系相比，仅仅是欠缺了书面合同这一形式要件。

2. 劳动合同的形式

建立劳动关系，应当订立书面形式的劳动合同。已建立劳动关系，未同时订立书面劳动合同的，应当自用工之日起一个月内订立书面劳动合同。如果一年后仍未订立，视为双方已订立无固定期限劳动合同。用人单位与劳动者在用工前订立劳动合同的，劳动关系自用工之日起建立。劳动合同文本应当由用人单位和劳动者各执一份。口头形式的劳动合同不受法律的保护。在校生利用业余时间勤工俭学，不视为就业，未建立劳动关系，可以不签订劳动合同，但应该有协议。

书面形式的劳动合同，不仅有利于合同双方当事人切实履行合同的条款，而且有利于政府有关部门的管理监督，在发生合同纠纷时也有据可查，便于处理。

3. 劳动合同的作用

1）劳动合同是劳动者与用人单位双方构建和发展和谐稳定的劳动关系的凭证，也是调整双方劳动关系的手段。

2）劳动合同是一种法律文本，是确立双方劳动关系的法律形式，劳动者的权益据此能够得到国家法律的保护。

3）劳动合同是规范双方行为的准绳，用人单位要按照劳动合同提供正常的劳动条件，发放劳动报酬等，劳动者要按照合同从事工作，完成任务。

4）劳动合同中的各项条款，是处理双方之间劳动争议的重要依据。

三、劳动合同的订立

1. 签订劳动合同的原则

（1）平等自愿原则 订立劳动合同的双方法律地位是平等的，不得订立霸王合同。订立劳动合同的双方意思表示必须真实，任何一方不得采用强制、欺诈、威胁等手段，否则就是不受法律保护的无效劳动合同。

> **以欺诈手段订立的劳动合同无效**
>
> 蒋某因受私营公司老板的欺诈，在不知公司具体情况的前提下，与该公司签订了 3 年

期的劳动合同。进入公司工作 1 个月后，蒋某发现了老板的骗术，明白了当初劳动合同的签订，都是因自己受到老板的欺诈而形成的。于是，蒋某向老板提出要解除劳动合同，老板不同意，双方为此发生纠纷，诉至当地劳动争议仲裁委员会。经劳动争议仲裁委员会审理后认定，双方签署的合同为无效劳动合同。

（2）协商一致原则　用人单位与劳动者签订劳动合同时（图 8-1），劳动合同可以由用人单位拟定，也可以由双方当事人共同拟定，但劳动合同必须经双方当事人协商一致后才能签订，劳动者被迫签订的劳动合同或未经协商一致签订的劳动合同为无效劳动合同。

图 8-1　劳动合同签订仪式

未经协商一致签订的劳动合同无效

谢某于 2003 年 1 月到北京×××智能停车管理有限公司工作，任停车管理员，双方未签订劳动合同。2007 年 12 月，公司要求所有的停车管理员与北京另一家人力资源管理服务有限公司签订劳动合同，不签者予以辞退。谢某没有与另一家公司签订劳动合同，智能停车管理有限公司于 2008 年 2 月 1 日以谢某旷工为由与谢某解除劳动关系。

法院认为：根据查明的事实，北京×××智能停车管理有限公司要求谢某与另一家公司签订劳动合同，并于 2008 年 1 月 25 日向谢某发出《签订劳动合同通知书》。谢某予以拒绝，不属无故拒签劳动合同行为。对于解除劳动关系的问题，北京×××智能停车管理有限公司未能提交其他有效的证据证明谢某存在旷工的情况，故其做出的解除劳动关系的决定缺乏充分的事实与法律依据。由于谢某未要求恢复劳动关系，可视为双方协商解除劳动关系，北京×××智能停车管理有限公司应依法向谢某支付解除劳动关系的经济补偿金及额外经济补偿金。

（3）合法原则　订立劳动合同是一种法律行为，所以必然要符合法律，包括订立劳动合同的目的必须合法，双方的主体资格必须合法，劳动合同的内容必须合法，订立劳动合同的程序、形式必须合法，订立劳动合同的行为必须合法。

违背婚姻法的合同无效

"因工作需要，女员工 3 年不能结婚，5 年不准生孩子……"这是某公司用人合同中附加的条款。因工作难找，某中职毕业生黎娜在无奈的情况下与公司签订了合同。律师表示，用人单位涉嫌违背婚姻法，侵害女性生育权，合同无效。

（4）公平、诚实信用的原则　公平原则是指用人单位和劳动者应当合理地确定各方的权利和义务，真正体现权利和义务一致性。诚实信用的原则要求当事人以善良的态度和善意的方式去订立、履行、解除和终止劳动合同。光明磊落做人，实事求是办事。

伪造档案，合同无效

某公司因业务需要，从社会上招聘了一名销售经理王某。王某获聘后，公司与其签订了劳动合同。然而一段时间后，公司发现业绩下滑严重，后经调查核实，王某应聘时提供的档案是伪造的。于是公司解除了与王某签订的劳动合同。就本案来讲，由于王某在招聘过程中伪造了档案材料，骗取公司的信任，获得聘用。王某违背了诚实信用原则，其行为构成欺诈，公司可以解除与王某签订的劳动合同。

---

2. 劳动合同的条款

《劳动合同法》规定，劳动合同应当具备以下必备条款：

1）用人单位的名称、住所和法定代表人或者主要负责人。

2）劳动者的姓名、住址和居民身份证，或者其他有效身份证件号码。

3）劳动合同期限。

4）工作内容和工作地点。

5）工作时间和休息休假。

6）劳动报酬。

7）社会保险。

8）劳动保护、劳动条件和职业危害防护。

9）法律、法规规定应当纳入劳动合同的其他事项。

上述必备条款要明确、具体、详细。例如，劳动报酬条款中的支付项目、支付形式、支付标准、支付时间必须清楚。

劳动合同除上述必备条款外，用人单位与劳动者双方当事人可以根据客观情况和意愿在协商一致的基础上约定其他条款。例如，试用期、培训、保守商业秘密、竞业禁止、补充保险和福利待遇等其他事项。

3. 劳动合同的期限

劳动合同的期限是指劳动合同的有效期，分为有固定期限、无固定期限和以完成一定的工作为期限三种：

1）固定期限劳动合同，是指用人单位与劳动者约定了合同终止时间的劳动合同。如一年、两年、五年等。

2）无固定期限的劳动合同是指不约定合同终止日期的劳动合同。劳动合同中有起始日期，没有终止日期，合同的期限依据双方当事人的意愿可长可短。这种合同最有利于保障劳动者就业。该合同要明确解除或者终止合同的条件。无固定期限的劳动合同并不是终身制的"铁饭碗"，只要出现解除劳动合同的法定情形，同样可以解除。

3）以完成一定工作为期限，是指以工作结束的时间为合同终止期限的劳动合同。

4. 签订劳动合同时的注意事项

（1）慎防"合同陷阱"

1）口头合同。

一些用人单位与求职者就责、权、利达成口头约定，并不签订书面正式文本。一些求职心切、涉世未深的毕业生极易相信用人单位种种"许诺"。其实，这种口头合同是最靠不住的，一有风吹草动，这些口头许诺就会化为泡影。

2）格式合同。

用人单位按照国家有关法律规定和劳动部门制订的合同示范文本事先打印好的聘用合同。从表面上看，这种合同似乎无可挑剔，可是具体条款却表述含糊，甚至有多种解释，一旦发生劳务纠纷，用人方总会按照合同为自己辩护，最终吃亏的还是劳动者。

3）单方合同。

一些用人单位利用应聘者求职心切的心理，只约定应聘方有哪些义务，违反约定要承担怎样的责任，毁约要交纳违约金等，而合同上关于应聘者的权利几乎一字不提。一旦发现并确认该合同无效的时候，劳动者还要支付维权成本和时间。

4）生死合同。

一些危险行业用人单位为逃避应该承担的责任，常常在签订合同时，要求应聘方接受合同中的"生死协议"，一旦发生人身伤亡情况，企业不承担任何责任。如果签订这种合同，真的发生意外事故后，交涉起来麻烦会很多的。

5）"两张皮"合同。

有些用人单位慑于有关部门的监督检查，往往与应聘者签订两份合同，一份合同用来应付劳动部门的检查，另一份合同才是双方真正履行的合同，而这份合同，是不能暴露在阳光之下的。遇到这种情况，应聘者一定要当心，认真对比两份合同的异同，防止陷入只有利于用人单位而侵犯自己合法权益的不平等合同陷阱。

求职者须交款：200元

一个普通的钢化玻璃工艺鼠标垫，批发价不过12元左右，却被一家礼品公司开出198元的批发价，298元的零售价，然后让来应聘的年轻人交200元钱后拿一只去推销，凡销售6只者就会被录用。如果你不想卖了，对不起，你没有履行合同，200元不能返还。

22岁的小黄没想到自己第一次步入社会，就遇到了这么一个麻烦事。一天，高高瘦瘦、文静腼腆的小黄拿着合同和鼠标垫来到报社后，才第一次读明白了这个合同的含义。而此前，他去这家公司时，根本没人跟他提过这个合同的内容，他所听到的只是去做市场调查，然后交一份关于鼠标垫的调查报道。目前，这种以"合同陷阱"的形式蒙骗年轻人，骗取"不大不小"的产品费用的情况呈上升趋势。在求职高峰期，找工作已成为很多年轻人迫切的任务，利用年轻人求职心切、社会经验不丰富的弱点进行"圈钱"的行为，值得引起大家的警惕。

（2）抵押金 很多毕业生会遇到这种情况：在与单位准备签订正式劳动合同时，被告知需缴纳一笔不菲的抵押金，否则不予接纳。一些用人单位在收取抵押金或身份证之后，会肆意侵犯毕业生的权益，如延长劳动时间、增加劳动强度等。而当毕业生辞职或被解雇时，又

以种种借口不予退还，以此要挟、敲诈毕业生。

劳动部《关于贯彻执行〈中华人民共和国劳动法〉若干问题的意见》中明确指出："用人单位在与劳动者订立劳动合同时，不得以任何形式向劳动者收取定金、保证金（物）或抵押金（物）。对违反以上规定的，由公安部门和劳动行政部门责令用人单位立即退还给劳动者本人。"如果毕业生已缴纳了此笔费用，有权要求用人单位予以返还。也可以通过申请劳动争议仲裁，或向劳动监察部门投诉、举报。

（3）劳动报酬　关于劳动合同中劳动报酬的条款，毕业生除了要明确劳动报酬的种类（包括基本工资、津贴、交通费用、住房补贴等等）、劳动报酬的计算方式和发放时间、加班工资的计算方式等内容以外，还要掌握一个大的原则，即劳动报酬金额不得低于法律规定的最低工资标准。无论劳动合同中有无约定，以及劳动者有无完成定额或承包任务，用人单位都必须向劳动者支付不低于当地最低工资标准的劳动报酬。

> ### 以"责任底薪"的模糊概念克扣工资
>
> 曾经有位求职者应聘某网络公司，合同注明工资是责任底薪800元加业务提成。一个月后，该求职者因为经验等原因未签到任何订单，但把所联系的客户资料都交给了公司。在其领取工资的时候，却被公司告知"责任底薪"不是"保底底薪"，未能与客户单位签订业务合同的没有任何报酬。

这种做法明显违反了国家的有关规定，求职者完全可以通过向劳动监察部门举报来维护自己的合法权益。

（4）工作内容　工作内容是指用人单位安排劳动者从事何种工作，包括工作的岗位、性质、范围，以及完成工作所要达到的效果、质量指标等，也是劳动合同中的一项重要内容。对毕业生来说，要明确就业岗位的具体约定，尽量避免在合同中有用人单位可以根据需要随时变更岗位的条款，同时要提防用人单位利用对岗位的粉饰包装来诱骗求职者。

> ### 岗位工作名不副实
>
> 北京某中职学校的一个毕业生求职时，合同上写明岗位是"物流管理"，但实际做的却是仓库保管的工作，虽然也属物流管理范畴，但无疑是浪费了人才；湖北的一位中职学校毕业生，应聘某公司的"网络营销"职位，到了公司才知道原来是从事非法传销。

因此，建议毕业生在签订就业协议书的时候，将与用人单位约定的就业具体岗位清楚、准确地写入补充协议中，并注明将来在劳动合同中予以确认，以免误了自己的前程。

（5）社会保险　劳动者拥有享受社会保险和福利的权利。《劳动法》规定，"用人单位和劳动者必须依法参加社会保险，缴纳社会保险费"，"劳动者享受的社会保险金必须按时足额支付"。用人单位必须依法为劳动者缴纳社会保险费，用人单位和劳动者所参加的社会保险一般包括养老保险、失业保险、医疗保险和住房公积金。

有的用人单位在与毕业生签订劳动合同时，注明"除月工资外，不再提供其他福利待遇"等条款。这种行为违反了有关法律、法规的强制性规定，即使是与毕业生私下达成了一致意见（通常这种情况下，劳动者的现金工资会比原基础略高），也是不合法的。

（6）违约责任与违约金　毕业生和用人单位都有严格履行合同条款的义务，如果其中一方由于自己的过错而导致劳动合同的不履行或不适当履行，要根据其情节、后果及责任大小，依法承担相应的经济、行政或刑事责任。

违反劳动合同所应承担的经济责任，主要是通过支付赔偿金和违约金的形式来完成的。违约金与赔偿金是两个不同的概念。劳动部《违反劳动法有关劳动合同规定的赔偿办法》中规定："劳动者违反规定或劳动合同的约定解除劳动合同，对用人单位造成损失的，劳动者应赔偿用人单位的损失：（一）用人单位招收录用其所支付的费用；（二）用人单位为其支付的培训费用，双方另有约定的按约定的办理；（三）对生产、经营和工作造成的直接经济损失；（四）劳动合同约定的其他赔偿费用。"前三条属于赔偿金范畴，与实际损失相一致；而违约金应该属于"劳动合同约定的其他赔偿费用"。

（7）试用期　试用期并非劳动合同的必备条款，毕业生和用人单位双方之间可以约定，也可以不约定。如果约定试用期，试用期最长不得超过六个月。

四、劳动合同的变更

1. 劳动合同变更的含义

劳动合同变更是指劳动合同依法订立后，在合同尚未履行或者尚未履行完毕之前，经用人单位和劳动者双方当事人协商同意，对劳动合同内容做部分修改、补充或者删减的法律行为。

劳动合同变更，双方的权利义务关系并不消失，只是发生了变化。按照法律规定，变更劳动合同，应当遵循平等自愿、协商一致、公平诚信的原则，不得违反法律、行政法规强制性的规定。变更劳动合同，应当采用书面形式记载变更的内容，经用人单位和劳动者双方签字或者盖章生效。变更后的劳动合同文本应当由用人单位和劳动者各执一份。在双方当事人达成变更协议之前，原合同条款依然有效。劳动合同的未变更部分继续有效。合同的变更原则上只向将来发生效力，不影响已履行部分的效力。

2. 劳动合同的变更形式

1）基于法律的直接规定变更合同。

2）因重大误解而变更合同。

3）当事人双方协商同意变更合同。

3. 劳动合同变更的内容

1）生产或者工作任务的增加或减少。

2）劳动合同期限的延长或缩短。

3）劳动者工种或职务的变化或变动。

4）对劳动者支付劳动报酬的增加或减少。

用人单位变更名称、法定代表人、主要负责人或者投资人等事项，不影响劳动合同的履行。用人单位发生合并或者分立等情况，原劳动合同继续有效，劳动合同由承继其权利和义务的用人单位继续履行。

调换工作岗位，变更劳动合同

吴某与棉纺厂签订为期5年的劳动合同，岗位为车工。车工是一种劳动强度比较大的工作，作为一名女工，吴某开始尚能适应该工作，后来各车间承包，工作任务比较繁重，与此同时，吴某又被诊断患有肾结石、积水等病症。吴某认为自己身体素质下降，故提出申请，要求变更与棉纺厂的劳动合同，调换岗位，但未被批准。单位对吴某做出处分决定。

解析：本案中，吴某调换工作，是属于劳动合同变更，单位对吴某的处分是错误的。因此法院裁决：撤销厂方对吴某的处分决定，并在短期内为吴某调换合适的工作岗位。

五、劳动合同的解除、终止

1. 劳动合同解除的含义

劳动合同的解除是指劳动合同订立后，尚未全部履行完毕以前，由于某种原因导致劳动合同一方或双方当事人提前消灭劳动关系的法律行为。劳动合同解除后，双方的权利义务关系终止。

劳动合同的解除分为法定解除和协商解除。劳动合同的解除，只对未履行的部分发生效力，不涉及已履行的部分。

2. 员工单方面解除劳动合同

1）正常情况下，员工单方面解除，需提前30天书面通知企业，企业无需支付经济补偿金。

2）企业存在一般过错而员工单方解除，可随时解除，但应通知企业，企业需支付经济补偿金。

● 用人单位未按照劳动合同约定提供劳动保护或者劳动条件的，如强行给员工"放假""停工"，属于不提供劳动条件。

● 用人单位未及时足额支付劳动报酬的，如超过工资发放日期仍未支付工资，少支付加班费等。

● 用人单位未依法为劳动者缴纳社会保险费的（未缴纳社会保险费或者缴纳标准低于法定标准）。

● 用人单位的规章制度违反法律、法规的规定，损害劳动者权益的，如规定加班不支付加班费，未经公司批准不得辞职等。

● 用人单位以欺诈、胁迫的手段或者乘人之危，使劳动者在违背真实意思的情况下订立或者变更劳动合同；用人单位免除自己的法定责任、排除劳动者权利的；违反法律、行政法规强制性规定的。

3）企业存在重大过错而单方解除，立即解除，无需通知单位，企业需支付经济补偿金。如用人单位以暴力、威胁或者非法限制人身自由的手段强迫劳动者劳动的，或者用人单位违章指挥、强令冒险作业危及劳动者人身安全的。

4）员工违法解除的后果：劳动者违反《劳动法》规定解除劳动合同给用人单位造成损失的，应当承担赔偿责任。

企业拖欠劳动报酬，员工可立即解除劳动合同

李某应聘进入某公司，双方在订立的劳动合同中约定：公司聘用李某为行政主管，月工资为 3000 元，月岗位津贴为 1500 元，月奖金根据经济效益，以及李某的工作表现考核发放。合同签订后，李某表现优异，深受公司好评，公司每月给予李某 2000 元的奖金。一年半后的某月，公司因经营原因未发放李某的奖金。次月，公司又因经营困难原因，再次没有发放李某的奖金，同时还扣发了李某的岗位津贴。李某于是同公司交涉，要求公司支付两个月的奖金和一个月的岗位津贴。公司表示目前经营发生困难，要求李某同甘共苦。经交涉无效后，李某即向公司提出解除合同，并要求公司立即办理退工手续，支付拖欠的奖金和津贴及两个月工资的经济补偿金。公司表示李某提出解除合同应按规定提前一个月通知，所以不同意立即办理退工手续，反而要求李某继续工作一个月。双方于是发生争议。

判决结果： 双方解除劳动合同，同时，公司补发欠发的津贴，并支付李某两个月工资作为经济补偿。

3．企业单方面解除劳动合同

1）企业正常原因解除劳动合同，需提前 30 天书面通知或额外支付一个月工资，且需支付经济补偿金。

● 劳动者患病或非因工负伤，在规定的医疗期满后不能从事原工作，也不能从事由企业另行安排的工作的。

● 劳动者不能胜任工作，经过培训或者调整工作岗位，仍不能胜任工作的。

● 劳动合同订立时所依据的客观情况发生重大变化，致使劳动合同无法履行，经用人单位与劳动者协商，未能就变更劳动合同内容达成协议的。具体是指不能按要求完成劳动合同中约定的任务或者同工种、同岗位人员的工作量，不是指用人单位故意提高定额标准，使劳动者无法完成而导致的不能胜任。

有权要求返还工资吗？

A 公司由于业务发展的需要于 2001 年 3 月 5 日通过公开招聘与朱某确立了劳动关系，签订了 5 年的劳动合同并约定试用期为 6 个月。合同签订后，朱某进入 A 集团财务部工作。在试用期期间，A 公司发现朱某对财务方面的知识完全不懂，根本不能独立承担工作，并且由于朱某的过失还造成了公司财务混乱，差点导致严重的经济损失。A 公司立即解除了与朱某的劳动合同，并以朱某不符合工作要求为由要求朱某返还 2001 年 3 月到 2001 年 6 月这三个月 A 公司支付给朱某的 6000 元工资。朱某不服，2001 年 7 月 3 日，A 公司向当地劳动仲裁委员会提出仲裁申请。

判决结果： 朱某虽然不符合 A 公司的招聘条件，但是其在试用期内已经付出了劳动，应当获得劳动报酬，A 公司无权要求朱某返还试用期内所获得的工资。

2）裁员，需提前 30 天书面通知，需支付经济补偿金。

● 依照企业破产法规定进行重整的。

● 生产经营发生严重困难的。

● 企业转产、重大技术革新或者经营方式调整，经变更劳动合同后，仍需裁减人员的。

● 其他因劳动合同订立时所依据的客观经济情况发生重大变化，致使劳动合同无法履行的。

注：客观经济情况指自然条件、原材料或能源供给条件、生产设备条件、产品销售条件、劳动安全卫生条件等，不可抗力、企业迁移、被兼并等。

濒临破产的法定整顿期间可以裁员吗?

宋某等 10 人与企业签订了五年劳动合同，后因该厂产品滞销，无力偿还贷款，经法院和有关部门核定宣布处于"濒临破产的法定整顿期间"。该厂决定转产，同时裁减人员，宋某等 10 人被提前解除劳动合同。宋某等人不服，遂向当地劳动争议仲裁委员会申请仲裁。

仲裁结果： 宋某等人所在的企业因产品滞销，无力偿还贷款而被宣布濒临破产，进行整顿，企业决定转产、裁员是可以理解的，也是合法的。但该厂应当及时发给他们经济补偿金。

3）因员工违纪而解除劳动合同，可随时通知，无需支付经济补偿金。

● 严重违反用人单位的规章制度的。

● 严重失职，营私舞弊，给用人单位造成重大损害的。

● 劳动者同时与其他用人单位建立劳动关系，对完成本单位的工作任务造成严重影响，或者经用人单位提出，拒不改正的。

● 被依法追究刑事责任的。

工作失职被解除合同不能获得补偿金

袁某于 2003 年 5 月在海伦公司任工程部副经理，主持工程部的工作。2004 年 12 月 21 日，袁某与海伦公司订立 1 年的劳动合同。但是，袁某在任期间，由于不能认真履行职责，其所完成的工程出现许多质量问题，造成了重大经济损失。为此，2005 年 2 月 15 日，海伦公司法定代表人通知袁某，公司决定以其工作过失为由将其辞退。2005 年 6 月 23 日，袁某向某区劳动争议仲裁委员会申诉，要求海伦公司给付其经济补偿金。2005 年 8 月 20 日，区劳动争议仲裁委员会做出裁决，驳回了袁某的申诉请求。袁某不服，向区法院提起诉讼，继续要求海伦公司支付其经济补偿金。

法院经审理认为，劳动合同是劳动者与用人单位确立劳动关系、明确双方权利和义务的协议。袁某与海伦公司订立的劳动合同中明确规定，严重失职、营私舞弊、对甲方利益造成损害的，甲方可以解除合同。经审查，袁某在履行劳动合同过程中，履行工程部副经理职务工作存在过失。依据劳动法相关规定，因劳动者有过错，用人单位解除劳动合同的，用人单位不支付劳动者经济补偿金，因此依法驳回了袁某的诉讼请求。

4）劳动者存在下列情形之一，企业不得解除劳动合同。

● 离岗前职业健康检查期间。

● 疑似职业病病人在诊断或医学观察期间。

● 在本单位患职业病或者因工负伤并被确认丧失或者部分丧失劳动能力的（员工要求解除，则不受此限）。

● 患病或者非因工负伤，在规定的医疗期内的。

● 女职工在孕期、产期、哺乳期（1 年）的。

● 在本单位连续工作满 15 年，且距法定退休年龄不足 5 年的。

5）企业单方解除劳动合同的程序性规定：

● 用人单位单方解除劳动合同，应当事先将理由通知工会。

● 解除劳动合同的书面通知应送达员工本人或同住成年家属签收。

6）企业违法解除劳动合同的法律后果：

劳动者要求继续履行的，应当继续履行，劳动者不要求继续履行的，应支付双倍经济补偿金。

协商解除合同也要支付补偿金

李某是某公司职工，2001 年 3 月与公司签订了为期 5 年的劳动合同。2003 年 3 月，公司更换了主要负责人，新负责人以李某不适合工作为由，要求与李某解除劳动合同，李某不同意，公司便采取了增加李某劳动强度、减少李某奖金收入等办法予以刁难。李某在不堪忍受的情况下，提出：如果公司提出解除劳动合同，他本人可以签字同意。但公司坚持让李某自己先写辞职报告，然后由公司批准。李某坚决不同意这样做，但公司许诺：如李某照办，公司可以给予李某一笔比较丰厚的生活补助，还可以按照《劳动法》有关规定支付解除劳动合同的经济补偿金。在这样的情况下，李某于 2003 年 7 月向公司递交了辞职报告，立即被公司批准，但此后公司许诺的生活补助和经济补偿金却毫无踪影。李某找公司索要，公司拿出李某的辞职报告说，生活补助是单位对被辞退人员的抚恤，根据《劳动法》规定，经济补偿金在用人单位提出解除劳动合同时才支付，李某是自动辞职，没有上述两项待遇。李某非常气愤，向劳动争议仲裁委员会提出申诉，并提供了公司要求他递交辞职报告的证据。

解析：本案中，本是公司希望并促使解除劳动合同，却采取种种刁难和欺骗手段，诱使劳动者协商一致后"主动"提出辞职，显然是在规避法律规定的支付经济补偿金的责任。但是由于李某掌握了公司强迫和诱骗自己递交"辞职报告"的证据，从而使本案的事实得以澄清。在被强迫和欺骗情况下，劳动者作出的意思表示不能认为是真实的，解除劳动合同的责任应由公司承担。李某工作时间是两年零 4 个月，所以公司应当支付两个半月的经济补偿金。

注：《劳动合同法》第 47 条规定：经济补偿按劳动者在本单位工作的年限，每满一年支付一个月工资的标准向劳动者支付。六个月以上不满一年的，按一年计算；不满六个月的，向劳动者支付半个月工资的经济补偿。

4. 劳动合同终止的法定条件

劳动合同的终止，是指劳动合同依法生效后，因出现法定情形和当事人约定的情形而导致劳动合同的效力消失，当事人之间的权利义务关系结束。

有下列情形之一的，劳动合同终止：

1）劳动合同期满的。

2）劳动者开始依法享受基本养老保险待遇的。

3）劳动者死亡，或被人民法院宣告死亡或者宣告失踪的。

4）用人单位被依法宣告破产的。

5）用人单位被吊销营业执照、责令关闭、撤销或者用人单位决定提前解散的。

6）法律、行政法规规定的其他情形。

5. 劳动合同终止的限制

劳动合同期满，但员工存在下述情形之一的，劳动合同期限顺延至下述情形消失终止。

1）离岗前职业健康检查期。

2）疑似职业病诊断或医学观察期。

3）医疗期、孕期、产期、哺乳期。

4）本单位工作满 15 年，距法定退休年龄不足五年的。

六、劳动争议的解决

1. 劳动争议的解决处理原则

劳动争议又称劳动纠纷，是指用人单位与劳动者因执行劳动法律、法规或者履行劳动合同、集体合同发生的争执。

我国在劳动争议解决过程中主要遵从以下一些原则：

1）着重调解原则。着重调解是处理劳动争议的基本手段。并且贯穿于劳动争议处理的始终。无论是调解、仲裁还是审判，都要贯彻先进行调解的原则，能够达成调解协议的首先要达成调解协议，调解的前提是双方自愿，自愿达成的协议必须合法。

2）及时处理原则。劳动争议必须及时处理。调解虽然是调解争议的重要手段，但并不是万能的手段，当调解无法达成协议时不能久调不决。

3）合法原则。以事实为根据，以法律为准绳是法律适用的重要原则，也是劳动争议工作处理的准则。劳动争议的依法处理要体现出大法优于小法的原则，即有法依法，无法依规定，无规定依规章，无规章依政策，无政策依惯例、依情依理。

4）公正原则。劳动关系是一种隶属关系，是一种领导与被领导、组织与被组织、管理与被管理的关系，所以，在劳动争议处理中应当体现向劳动者当事人倾斜的政策。

2. 劳动争议处理程序

我国现行劳动争议的处理程序：协商、调解、仲裁和诉讼。

劳动争议发生之后，当事人可以选择协商解决；协商不成的，当事人可以选择向本单位劳动争议调解委员会申请调解；调解不成的，可以向劳动争议仲裁委员会申请仲裁；也可以未经调解直接向劳动争议仲裁委员会申请仲裁；只有对仲裁裁决不服的，才可以向人民法院提起诉讼，未经仲裁程序，不得提起诉讼。

（1）劳动争议的协商　劳动争议发生之后，双方首先可以通过平等协商的办法来解决。这种方式节约时间，节省成本，简便易行，不伤和气。但协商不是处理劳动争议的必经程序。

（2）劳动争议的调解　劳动争议的调解，是指企业调解委员会对企业单位与劳动者发生的劳动争议，以国家的劳动法律、法规为准绳，以民主协商的方式使双方当事人达成协议，清除纷争。劳动争议的调节是企业内基层群众性组织所做的调解，是我国处理劳动争议的基本形式。

如果劳动争议协商不成或者不愿意协商的，任何一方都可以向本单位设立的劳动争议调解委员会申请调解。当事人应当自知道或应当知道其权利被侵犯之日起 30 日内申请调解，

30 日内未做出调解的，视为调解不成。调解也不是处理劳动争议的必经程序。

劳动争议的协商与调解

林某是某大型超市的员工，某天晚 7 时许，一伙人冲进商场，借故捣乱，并殴打林某的工友李某，林上前制止，也被这伙人打伤。后来公安机关查明，因这伙人同李某有仇，所以当天到李某工作处借故将李某打伤，而林某完全是因为拉架才被打伤的。林某受伤后，商场不但不为他申报工伤，反而同他解除了劳动合同，林某的亲属到市总工会求助，请求工会组织维权。

处理结果： 市总工会在查明事实的基础上，同商场进行了协调，最后商场同意了市总工会的意见，收回解除劳动合同的决定，并为林某申报了工伤。

（3）劳动争议的仲裁　劳动争议仲裁是劳动争议仲裁委员会对用人单位与劳动者之间发生的争议，在查明事实、明确是非、分清责任的基础上，依法做出裁决的活动。

我国的劳动争议仲裁具有强制性，即劳动争议仲裁是解决劳动争议的必经途径，只有经过仲裁方可向人民法院起诉，即"先裁后审"。当事人对劳动争议仲裁裁决应当自觉履行，除不服裁决者向人民法院起诉外，劳动争议当事人应及时履行仲裁裁决。

提出仲裁申请的一方应当自劳动争议发生之日起 60 日内向劳动争议仲裁委员会提出书面申请；仲裁委员会一般先调解，后裁决。仲裁裁决一般应在收到仲裁申请的 60 日内做出。对仲裁裁决无异议的，当事人必须履行；劳动争议当事人对仲裁裁决不服的，可以自收到仲裁裁决书之日起 15 日内向人民法院提起诉讼。一方当事人在法定期限内不起诉又不履行仲裁裁决的，另一方当事人可以申请人民法院强制执行。

未签劳动合同也能申请仲裁

张某在一家建材厂找到工作，并与该厂老板口头商定：试用期为 3 个月，月工资为 600 元，试用期满后，张某多次向老板提出签合同的事，可每次老板都说，不急，过几天再说。当年 9 月份张某想辞职，并要求老板发给本人当月的工资，却遭到老板的拒绝，张某想讨个公道，但因为没签合同，不知道这种情况是否可以申请仲裁。

评析： 根据劳动部《关于贯彻执行〈中华人民共和国劳动法〉若干问题的意见》第 82 条规定，如果用人单位与劳动者发生劳动争议，不论是否签订劳动合同，只要存在事实劳动关系，并符合劳动法的适用范围和《中华人民共和国企业劳动争议处理条例》的受案范围，劳动仲裁委员会均应受理。

根据张某的情况，他可以向当地劳动局的劳动仲裁委员会申请仲裁。

（4）劳动争议的诉讼　劳动争议的诉讼，是指劳动争议当事人不服劳动争议仲裁委员会的裁决，在规定的期限内向人民法院起诉，人民法院依法受理后，依法对劳动争议案件进行审理的活动。

我国劳动争议的诉讼目前适用的是民事诉讼程序，但是与民事诉讼有所区别：首先，从起诉的条件看，劳动争议的案件必须先申请仲裁；其次是举证责任有别于"谁主张、谁举证"的民事诉讼法的一般举证原则，这里还包括"谁决定，谁举证"原则；最后，劳动争议的诉讼更注重调解。

被裁员工是否可以直接向法院起诉

某购物中心为策划开业，招聘大量工作人员。双方签订书面劳动合同，合同中约定员工的劳动期限、报酬费用、工作内容，以及违约责任等合同条款。在工作人员夜以继日、加班加点的辛勤努力下，购物中心如期开业。次年2月，因经营策略失误，导致购物中心经济效益大幅滑坡。为减轻企业负担，购物中心决定进行内部调整，裁减编制。

购物中心公布18名被裁人员名单，并表示除支付被裁员工当月工资外，再另行支付半月工资作为补偿。裁员通知一经公开，立即引起被裁员工的反对，认为既然签订了劳动合同，双方应当严格履行，不能随意解除合同。后因双方矛盾激烈，协商未果，被裁人员向人民法院提请诉讼，要求他们的合法权益。

法院认为： 劳动争议应先到劳动争议仲裁委员会申请仲裁，对仲裁裁决不服的，才可以向人民法院起诉。

七、首次就业维权建议

毕业生在首次就业过程中，一定要时刻保持清醒的头脑，了解和掌握就业方面的知识和政策，并严格按照程序办事，使自己的合法权益能得到充分的保障而不致轻易受到侵害。

1. 端正求职心态

毕业生求职时，往往会出现焦急、浮躁和盲目的心态，直接影响了他们在维护合法权益方面的态度和表现：或不惜委曲求全；或不敢"斤斤计较"；或被花言巧语诱骗而轻信对方。虽然不是"一次就业定终身"，但如果首次就业就令毕业生权益和身心都受到伤害，则必然会给自己未来的发展带来不小的负面影响。

2. 掌握政策，学习法律

在求职、择业、签约之前，一定要全面了解和掌握毕业生就业政策，做好相关法律法规的知识储备。如此，才能在应聘和签约时保持思路清楚和条理明晰，及早识破不法单位故意设下的陷阱；如此，才能懂得如何通过合法的途径和手段解决就业过程中出现的问题，最大限度地保护自己的正当权益。

3. 全面了解用人单位

毕业生享有全面、真实了解用人单位的知情权。签约前，毕业生应该尽量多方面打听、了解用人单位的运作状况、招聘信誉、用人意图、岗位职责，以及企业文化等情况。

如果有可能，最好去实地考察工作环境，尤其是颇为陌生的单位，未雨绸缪地将未来实际就业中权益受侵害的可能性降至最低。

4. 慎重签订协议

在与用人单位签约时，落笔要慎重，仔细研究就业协议书及其补充协议中的条款，确认合理合法后再签字；重点注意试用期及违约条款的约定；尽量不要在协议书中留下空白条款；对用人单位的口头承诺要尽可能在补充协议中予以书面注明，并明确将来签订劳动合同时对此予以确认。

5. 敢于据"法"力争

如果在求职应聘和签订协议的过程中发现有权益受侵害的不公平现象，不要因害怕失去就业机会而忍气吞声，要学会积极运用法律的武器，力争自己的合法权益。缺乏诚信、用心不轨的用人单位不去也罢，否则将来吃亏的还是毕业生自己。加强自身的维权意识，是阻止侵犯毕业生就业权益的现象泛滥的根本途径。

6．借鉴专家意见

如果在首次就业的过程中遇到疑惑和困难，要及时咨询有关专家、老师和家长。毕竟毕业生在社会阅历方面还是一片空白，而法律专家的专业视角、学校老师的指导经验，对于毕业生来说也是莫大的帮助。此外，往届校友在就业中的经验和教训，也是可供应届毕业生就业维权参考的一笔宝贵财富。

1．案例分析

假文凭引发的合同纠纷

北京某电器有限责任公司在通过北京人才交流中心举办的招聘活动中，聘用王某为该公司的销售经理。王某，毕业于市场营销专业，持有毕业证书和相关文件。双方经过协商一致，签订了劳动合同，约定劳动合同期为两年，试用期一个月，试用期间工资为每月3000元，试用期结束后正式期间的工资每月为3500元，按照公司的规定以销售金额享受提成奖金。王某就职以后，凭借其出色的业务能力，使公司的销售金额大幅上升。但是在合同履行了三个月后，公司发现王某的毕业证和相关文件均系伪造，于是通知王某解除劳动合同。王某不服，向劳动争议仲裁委员会提出仲裁，认为公司违反合同的约定解除劳动合同，应当支付合同解除的补偿金。

问题：

1）签订劳动合同的原则有哪些？

2）王某与用人单位所签订的劳动合同是否有效？王某是否能获得解除劳动合同的补偿金？为什么？

2．维权能力训练

按表8-2要求，搜集若干劳动维权案例，学会分析案例的得与失，通过这一活动来增强自己的维权能力。

表8-2 劳动争议案例处理情况调查表

案例编号

劳动争议当事人	申请人		调查时间	
	被申请人			
劳动争议事由				
劳动争议解决的途径	A．自行协商　B．调解　C．仲裁　D．诉讼 E．获得劳动行政部门帮助　　　　F．其他			
解决劳动争议的过程				
从该案例处理中得到的经验与教训				

📎 **职业生活小贴士**

1. 劳动合同法第四十条"客观情况发生重大变化"

"客观情况发生重大变化"包括：发生不可抗力或者出现致使劳动合同全部或者部分条款无法履行的情况，如企业兼并、迁移、资产转移、经营方式和经营方向发生改变等。并且排除《劳动合同法》第四十一条第一款中第一项和第二项所列的客观情况。例如，在经济危机的大背景下，很多单位取消了一些工作岗位，而解除与这些岗位上职员的劳动合同，属于法律规定的劳动合同订立时所依据的客观情况发生重大变化的情况。在这种情况下，用人单位可以与劳动者就劳动合同变更进行协商，如果无法就变更劳动内容达成协议的，可以提前一个月书面通知劳动者本人或者额外支付劳动者一个月的工资后，解除劳动合同，并向劳动者支付经济补偿金。

2. 劳动合同变更书

劳动合同变更书内容如下：

经甲乙双方平等自愿、协商同意，对本合同做以下变更：

（1）_____。

（2）_____。

（3）_____。

甲方（盖章）：   乙方（签章）：

法定代表人：   或委托代理人（签章）：

                                        年   月   日

思考与练习

1. 《劳动法》的适用范围包括哪些？
2. 签订劳动合同应遵循哪些原则？
3. 企业单方面解除劳动合同的条件有哪些？
4. 员工单方面解除劳动合同的条件有哪些？
5. 如何理解劳动争议的处理程序？

参 考 文 献

[1] 高翔，张瑞安，庄达华. 中职生实习指导[M]. 北京：北京理工大学出版社，2009.

[2] 陈龙海，李忠霖. 职前就业训练[M]. 北京：北京师范大学出版社，2008.

[3] 龚宗仁. 职场导航[M]. 南京：东南大学出版社，2008.

[4] 向多佳. 职业礼仪[M]. 成都：四川大学出版社，2006.

[5] 文锋. 轻松管理场[M]. 广州：广东经济出版社，2006.

[6] 陈其林，冯伯明. 企业管理[M]. 北京：机械工业出版社，2005.

[7] 未来之舟. 职场礼仪[M]. 北京：中国经济出版社，2008.

[8] 栾永斌. 企业文化案例精选精析[M]. 北京：中国经济科学出版社，2008.

[9] 黄津孚. 现代企业管理原理[M]. 北京：首都经济贸易大学出版社，2004.

[10] 穆庆贵，陈文安. 新编企业管理[M]. 上海：立信会计出版社，2007.

[11] 郝惠文，段青民. 生产现场技工[M]. 深圳：海天出版社，2007.

[12] 岳昕. 毕业生择业技巧[M]. 沈阳：辽海出版社，2004.

[13] 钱景舫. 生涯规划[M]. 上海：华东师范大学出版社，2008.

[14] 刘德恩. 就业设计[M]. 上海：华东师范大学出版社，2008.

[15] 俞国良. 心理健康教育[M]. 北京：高等教育出版社，2005.

[16] 邹杨，丁玉海. 劳动合同法最新理论与实务[M]. 大连：东北财经大学出版社，2009.

[17] 国家安全产品监督管理总局培训中心. 新员工岗前安全培训教材[M]. 北京：气象出版社，2006.

[18] 就业与创业课题研究组. 中职生就业与创业指导教程[M]. 北京：北京出版社，2008.

[19] 张智海，范德峰. 中等职业教育特色精品课程规划教材就业指导与训练[M]. 北京：北京理工大学出版社，2011.

[20] 贾浓铀. 知书达理·礼仪礼节全知道[M]. 天津：天津古籍出版社，2010.

[21] 蒋乃平. 中职生安全教育知识读本[M]. 北京：高等教育出版社，2005.

[22] 潘敏，孔虹. 中职生安全教育知识[M]. 北京：中央广播电视大学出版社，2008.

[23] 简·博克/莱诺拉·袁. 拖延心理学[M]. 北京：中国人民大学出版社，2009.